사람이 꽃보다 아름다워

엄옥이 수필집

사람이 꽃보다 아름다워

인쇄| 2007년 7월 5일
발행| 2007년 7월 10일

글쓴**이**|엄옥이
펴낸이|장호병
펴낸곳|북랜드
110-999 서울 종로구 신문로1가 오피시아 1406호
대표전화 (02) 732-4574 | (053) 252-9114
팩시밀리 (02) 734-4574 | (053) 252-9334

등록일| 1999년 11월 11일
등록번호| 제13-615호
홈페이지| www.bookland.co.kr
이-메일| bookland@hanmail.net

편집주간| 곽홍렬
책임편집| 김인옥
영 업| 최성진

ISBN 978-89-7787-440-4 03810

값 8,000 원

사람이 꽃보다 아름다워

엄옥이 수필집

북랜드

펴내며 □

그동안 써 온 글들을 모아 한 권의 작품집으로 묶습니다.

아직 설익은 작품들이라 어쩐지 부끄러움이 앞섭니다.

하지만 못난 자식이라도 엄연히 자기 자식임이 분명할진대, 내 자식이 아니라고 부정할 수는 없습니다.

저는 제 삶을 정리하고, 제 주변을 사랑하고, 저와 인연을 맺어 온 모든 분들을 사랑합니다. 그 사랑에 힘입어 오늘의 제가 있음을 생각하며, 거기에 보답하기 위해 하잘것없는 작품집이나마 세상에 내놓을 용기를 갖습니다. 동시대를 살아온 벗들이며 저를 아는 모든 분들과 추억의 이름으로 함께 나누고자 합니다.

이 수필집이 나오기까지 힘을 보태준 가족과 지인들, 그리고 북랜드의 장호병 사장님과 편집진 여러분에게 고마운 마음 전합니다.

2007년 7월

엄옥이

차례

· 펴내며

1 내 마음의 세한도

12 .... 산천을 쩡쩡 울리던 아버지 소 모는 소리 지금도 귓전에
15 .... 그 밤나무는 얼마나 늙어 있을까
18 .... 내 어릴 적 꿈
22 .... 시골길의 구수한 된장 냄새
25 .... 그때는 엄마의 머리와 아버지의 지게가 운반 수단
28 .... 지난날이 그리워요
31 .... 여기가 내 자리다
33 .... 장독대
37 .... 내 마음의 세한도

2 아카시아 꽃을 선생님 책상에 올려두고

42 .... 사추기(思秋期) 소녀들의 가을바다의 낭만
45 .... 콩쿨대회, 그리고 배 전복 사건
48 .... 나 인자 시끄러워 우째 살꼬
51 .... 공포의 상엿집
54 .... 아카시아 꽃을 선생님 책상에 올려 두고
56 .... 염불보다 젯밥
59 .... 보리밥의 추억
62 .... 뺑튀기의 추억
64 .... 속옷이 수영복이던 추억 속으로의 헤엄치기

3 사람이 꽃보다 아름다워

68 .... 살며 사랑하며
71 .... 6월은 잔인한 달
73 .... 오늘도 하루를 감사히 살았습니다
76 .... 이런 날
78 .... 우리를 슬프게 하는 것들
81 .... 갱년기 여자 셋
84 .... 가는 세월
87 .... 사람이 꽃보다 아름다워
90 .... 햇살이 맑아 봄이다
93 .... 감사의 웃음 한 바구니 보내고 싶다
96 .... 강아지 알리
99 .... 여정
102 .... 산사를 찾아서

4 작업복에 꽂힌 볼펜 한 자루

106 .... 작은 일에서 느끼는 행복
109 .... 청명, 한식의 햇볕이 절을 올리는 자식들 등 위에 내려
112 .... 손바닥의 만 원
115 .... 잘 자라준 아들아 고맙다
119 .... 형님, 힘내세요
122 .... 진심으로 고맙네요, 동서님들
125 .... 희망
128 .... 빈자리
131 .... 사랑하는 딸에게
135 .... 작은 행복
138 .... 동동주 잔 위에 꽃잎이 불그레한 모습으로 내려앉아
141 .... 작업복에 꽂힌 볼펜 한 자루

5 언제부터 방귀가 아팠나요

145 .... 걸음아 날 살려라 도망친 도둑
149 .... 언제부터 방귀가 아팠나요
152 .... 개구리 먹던 힘까지 다해서
155 .... 노천 목욕탕에서의 일
158 .... 화장실 갈 때 다르고 올 때 다르다
161 .... 김치 냄새의 이중성
164 .... 스승의 그림자도 밟아선 안 된다
167 .... 대중목욕탕
170 .... 유혹에 약해지지 말자
173 .... 인간 가스를 슬며시 뿜어내고는
혼자 웃는 남편 때문에 웃은 날

1
내 마음의 세한도

산천을 쩡쩡 울리던 아버지 소 모는 소리 지금도 귓전에

내 유년 시절 추운 겨울 날 보리밭에 서리 하얗게 내리고, 논에 얼음이 꽁꽁 언 새벽이면 아버지는 거름 망태 들고 동네 길을 따라 가축 배설물을 주워 오셨다. 거름이 차곡차곡 재워져 있는 헛간에 쌓아두고 하얀 김이 무럭무럭 올라오는 겨울 거름을 논밭으로 내어 농사를 지으셨다.

그리고 소죽을 끓이시고 소 등을 하루에도 몇 번씩 빗어내려 동네에서는 우리 집 소가 기름기가 줄줄 흐른다고 했다.

동생과 나는 자주 씻지 않아 손등이 갈라 터져, 소죽을 퍼낸 솥에 남은 여물로 때를 밀곤 했지만, 아버지는 손등이 아닌 손가락 마디마디가 터져 밥알로 그 아픈 자리를 문질러 감아두기도 했다.

겨울 밤 사랑방에서는 초가 이엉을 엮기 위해 깨끗하게 장만된 짚으로 새끼 꼬는 소리가 밤늦도록 들렸고, 간간히 기침 소리와 놋재떨이에 담뱃대 떠는 소리가 들려오곤 했다.

가끔 닷새 장에서 사 오신 『장화홍련전』이며 『춘향전』 같은 옛날 얘기 글을 아랫집 돌당 어른과 번갈아 읽으시는 소리가 잠을 자는 우리 방에도 들리곤 했다.

아버지가 이어 올린 우리 집 초가지붕에 눈이 내리면 참새들은 집을 짓고 알을 낳았다. 아버지의 겨울은 이렇게 지나갔다. 그리고 봄이 오는 길목에 들어서며 동네에서 제일 먼저 소몰아 논갈이하시는 아버지의, 산천을 쩡쩡 울리던 그 목소리 지금도 귓전에 맴돈다.

울 아버지와 나는 이렇게 봄을 맞이했다.

초 백이 통에 깡보리밥
번들거리는 소매 끝에
새참 주전자 하나
논갈이 목청 돋우시는
울 아버지 기다리며
논둑에서 졸고 있었네

초 백이 통에 깡보리밥
남겨두면 먹을세라

도랑에 가재 잡다
일어서고 또 일어섰네
나뭇가지 젓가락 만들어
여기서 먹으면 맛이 있다고
수저 빨리 놓으시고
남기지 말고 먹으라시던
울 아버지 생각난다.

그 밤나무는 얼마나 늙어 있을까

아파트 베란다 창문 너머로 무더운 여름을 이긴 높고 낮은 풀벌레소리 따라 하나 둘 밤이 익어간다.

창 너머에 매달린 밤송이가 조그맣게 하품을 하고 있는데, 청설모 한 마리 그 속을 빠꼼이 들여다본다.

꽃다운 꽃으로 보이지도 않는 것이 벌들에게 좋은 식량이 되고, 사람들에게는 꿀로써 건강을 주기도 하고, 제사상에 빠뜨리면 안 되는 과실로 익는다.

유년 시절의 밤나무 아래 어둠이 가시지 않은 새벽길, 당장이라도 알밤이 터져 나올 것 같은 치맛자락은 이슬을 가득 머금어 무거워도 좋았다. 밤나무 밑에 갈 때는 밤송이가 있어 허술하게 신으면 안 되는 것도 있지만, 뱀 또한 밤나무 아래를 좋아한다고 해서 나무 작대기를 들고 다녔다.

밤나무를 흔들다 몸에 부딪힐 때는 눈물이 핑 돌기도 하지만, 손끝의 가시빼기는 더욱 힘이 들었다. 가을의 밤나무 밑을 우리는 가을이 다 가기 전에는 한 번도 거른 적이 없다보니, 밤알이 많이 떨어지는 나무 밑은 잘 다듬어진 길이 생겨나며 동네 어른께서 새끼줄로 그네를 매달아 동네 놀이터가 되기도 했다.

그 때는 밤나무가 흔하지 않았기 때문인지 몰라도, 요즈음처럼 삶은 밤을 소쿠리에 많이 담아놓고 먹어 본 기억이 나지 않는다. 경조사에 쓸 밤은 땅을 파고 누런 솔잎으로 덮어 보관하지만 생쥐 밥도 되고 했으니 귀한 과실이 아닐 수 없다.

이렇게 귀하고 맛있는 밤을 지금은 전혀 먹고 싶지 않다는 할머니 한 분이 계시는데, 할머니 젊은 시절 부부가 높은 밤나무 아래서 장대로 밤을 털어 내리려다 밤나무 위를 쳐다보시는 할아버지 눈에 밤송이가 떨어졌다고 한다.

성질 급한 할아버지께서는 할머니를 집밖으로 쫓아냈다고 한다. 어린 자식들을 데리고 갈 곳이 없어 헤매던 지난날 불운이며 할아버지가 평생 짝눈으로 살다 돌아가신 것이 밤 때문이라고 하셨다. 맛있는 밤에는 무서운 무기가 있다는 것을 알았다.

아파트 창 너머에 있는 밤나무 아래 길이 아직껏 남아 있을까. 새끼줄 매달아 그네 타던 그 밤나무는 얼마나 늙어 있을까!

내 어릴 적 꿈

오늘도 어릴 적 꿈을 꾸어 본다.

봄이면 앞산 뒷산 꽃들로 수를 놓고 집 뒤 배밭에 배꽃이 한창이었었다. 논두렁 지어 물 가두면 개구리 풀장 되어 그 울음소리가 가갸거겨를 외는 서당 글읽는 소리처럼 들리던 곳, 여름에는 앞 냇가에 송사리며 우렁이 잡아 고무신 벗어 담아 놓고 햇볕에 그을린 얼굴이 깜둥 강아지 같아도 마른 쑥 비벼 귓속을 틀어막고 개구리헤엄 치다 보면 하루해가 너무 짧았다.

겨울이면 눈이 많이 와서 대나무가 장독대에 휘어지던 날,

산토끼들이 먹이 찾아 집 마당에 내려왔던 그 골짝 가시내가 공장 불이 휘황한 울산으로 시집온 지도 강산이 여러 번 바뀌었다.

가끔 샛비탈 거랑 풀을 보고 지나갈 때면 학교에서 용의검사 하던 날이 떠오르곤 한다. 샛비탈 거랑에 앉아 쩍쩍 갈라져 피가 나는 손등의 마른 때를 돌로 문질러 씻고, 고운 모래 골라서 손에 쥐고서는 이빨을 닦았다. 겨우 앞 이빨만 휘게 보이려고 입을 크게 벌리지도 못했던 그 시절이 그리워진다. 도시락에는 깡보리밥에 고추장 한 종지 가져와 빨갛게 될 때까지 도시락을 흔들어 제치면 깡보리밥 색깔은 다 어디로 가고 먹음직스러워 보이는 고추장 비빔밥이 콧등에 송알송알 맺힌 땀방울과 콧방울이 합세를 해도 금방 한 도시락을 해치워 버렸다.

그리고 강냉이죽과 밥을 바꾸어도 먹던 그때 그 친구들이, 큰 포플러나무가 아직도 학교를 지키고 있는 운동장에서 모임을 가졌다. 고향을 지키는 친구들이 운동장 옆에 가마솥을 걸고 장작불을 지펴 추어탕을 맛나게 끓여놓고 자가용들도 운동장에서 폼을 내고 있었다. 우리들의 추위와 더위 막아주고 크게만 보였던 포플러나무는 세월에 비해 자라지 않았지만 몸통은 아주 굵게 자리를 잡고 있다.

운동회날 동 대항 달리기에서 동네 어르신들 광목 팬티 입고 달리시다 그만 앞 자크가 열리는 실수로 웃음바다가 된 그 운동장이 아직도 우리를 반겨주었다. 교실이 모자라 학교 옆 면사무소에 가서 공부를 하기도 했던 그곳도 번듯하게 온 양면을 지키고 있었다.

단발머리에 광목 치마저고리 물들여 입고 포플린 브라우스 찰랑대며 줄넘기, 고무줄놀이 하던 코흘리개 가시내들이 파마머리에 몸은 운동장 포플러나무를 닮아 가는 친구도 있었다. 반가워 어쩔 줄 몰라 하는 친구들 눈가에 잔주름들을 화장으로 막으려고 애를 썼고, 목청껏 불러대는 흘러간 노래에 박자를 맞춘다고 흔드는 어색한 몸짓들도 미웁지가 않았다.

코를 제일 많이 흘려 코쟁이라 불렸던 그 친구는 의젓한 중년 신사가 되어 있었다. 선생님 꾸중을 제일 많이 듣던 말썽꾸러기 친구는 임신한 여자 같은 배를 내밀고는 파이프로 담배 연기를 연신 뿜어냈다. 공부를 잘하던 그 친구는 돋보기안경에, 흰 머리카락보다 까만 머리카락이 더 적었고, 노래는 '꽃밭에는 꽃들이 모여 살아요'로 시작되었다.

배구와 발야구를 동별로 나누어 했고, 이기지 못한 동은 짚 축구공보다 못하다고 공 탓으로 돌리다 모두 땀에 젖어 샛비탈 거랑에 갔었다. 때 밀고 이빨 닦고 목욕하던 옛날을 그리면서 우리 모두 벗고 목욕하자고 하는, 사회 잘 보는 친구의 고함소리에, 사위 보고 외손자까지 본 여자친구가 사회자부터 먼저 들어가면 준비운동하고 들어간다는 소리에 샛비탈 거랑이 울리도록 왁자하게 웃고 또 웃었다.

불우한 동창을 돕자는 의견에 같이 마음들을 전하고 열심히들 살아가는 친구들과 다시 만나기로 약속을 하면서 헤어져 돌아오는 길에 동창회가 이래서 좋구나, 이런 모임이 없다면 이 푸른 소꿉친구들을 만나지도 못하고 한평생을 다할 것이 아닌가 생각하니 그날의 만남이 너무너무 자랑스럽기까지 했다. 언제까지나 온양초등학교 동문회가 알차게 알차게 빛나길 빌어야겠다.

온양면 하발리 선양곡에서 자란 엄옥이

시골길의 구수한 된장 냄새

친정집에는 내 나이와 비슷하게 늙어가는 옹기들이 많다. 앞 냇가에서 주워 온 반질반질한 자갈돌 위에 장독들은 우리 집에서 햇빛이 제일 잘 드는 곳에서 더욱 빛이 났다. 한쪽이 약간 쥐어 박힌 듯 보이는 그 독은 구수한 젓갈 맛이 어느 독보다 일품이었기에 해마다 젓갈 단지가 된다. 그냥 옹기의 위치와 색깔을 보아도 무엇이 담겨 있는지 알 수 있었던 그 옹기가 지금 베란다에 와서 맛있는 된장 맛을 내며 나와 같이 살아가고 있다.

신혼 시절이었다. 그 때는 부모님께 된장을 얻어 먹었기에 된장 담그는 일에는 관심조차 두지 않았다. 그 시절 된장에 대해 웃어넘기지 못할 일을 보았다. 옆집 아저씨는 여름이면 멍멍탕을 집 마당 텃밭에다 큰 가마솥을 걸고 자주 해 먹었는데, 더위가 마당을 훅훅 찌던 날 그 집 애기 엄마가 멍멍탕에 된장만 풀어 연탄불에 올려 두고 선풍기 앞에 누워 애기 젖을 먹이다 그만 잠이 들고 말았다. 양념은 준비하지 않고 낮잠을 자느냐는 남편의 고함 소리에 놀라 종알종알거리면서 양념을 사러 간 사이 성질 급한 남편은 텃밭에 있는 흙을 멍멍 탕 솥 안에 집어넣어 버렸다. 먹지 못하게 되어버린 그 탕은 결국 재래식 화장실로 들어가고 말았다.

그 일이 지난 얼마 후 애기 엄마는 발을 동동 구르며 옆집 욕쟁이 할머니에게 된장 맛을 보였는데, 할머니의 욕설을 듣고 사람들이 모여 된장 맛을 보게 되었다. 나는 아직도 그때의 된장 맛을 잊지 못한다. 약방에서 파는 소태맛이었다.

믿기지 않는 그때 일이 된장 담글 때면 가끔 생각난다. 옛날부터 된장 담그는 날 맛이 들 때까지 숯과 고추를 새끼줄에 달아 금줄을 두르시고 아무나 가까이 들지 못하게 하셨다. 그렇게 맛있던 두 독의 된장 맛이 하루아침에 변하는 것을 보니 젊은 나에게는 정말이지 신기한 일이 아닐 수 없었다. 욕쟁이 할머니는 화장실과 관련을 시키시며 젊은 사람들을 호되게 나무라셨다. 모든 음식 맛은 정성이고 보면 일 년 양식인 된장 맛은 청결이 아닌가 싶다. 그 집 음식 맛을 알려면 장맛을 보라고 했다. 그리고 그리움을 불러주는 것 또한 역시 구수한 된장 냄새가 한몫을 한다.

저녁놀이 질 때쯤 시골길을 지나다 보면 쏴-아 하게 다가오는 저녁연기와 골목길에 번지는 구수한 된장 냄새는, 나의 부모님과 형제들의 가난했지만 즐거웠던 기억들을 떠오르게 한다.

그때는 엄마의 머리와 아버지의 지게가 운반 수단

외할머니 돌아가신 뒤 외할아버지는 오래도록 사시다 아흔이 넘어 돌아가셨지만 13남매를 두셨고, 새 할머니는 아직 생존해 계신다. 우리 가족들은 봄 · 가을에 모임을 갖는다.

번창한 가족들이 모두 모이면 큰 시골 마을 인구쯤은 될 것 같다. 푸릇푸릇 봄나물이 돋고 진달래꽃이 지천으로 피어나던 일요일 친정 외갓집 가족 모임을 가졌다. 그 많은 가족들이 버섯농사를 하시는 이모님 밭에서 돼지를 잡아 지글지글 구워먹었다. 옛날 무쇠 솥뚜껑 위의 불고기 냄새가 시골 마을을 덮었다.

자주 만나지 못한 형제의 아들딸들도 제 부모님 얼굴을 영판 닮아 있었기에 금세 알아볼 수 있었다. 이모님들은 남매들 중에서 제일 맏이인 우리 엄마 얼굴과 웃음소리까지도 돌아가신 엄마를 닮아 이모를 대하면 엄마를 보는 듯해 더욱 반갑고 애틋하다. 형제 중에서도 특별나게 엄마와 친하게 지내시던 이모를 보니 엄마가 보고 싶어 그만 울컥 눈물이 나오고 말았다. 나는 집에서 출발을 할 때 그 이모에게 드리기 위해 용돈을 조금 준비해 갔다. 저승에 계시는 엄마에게 조금이나마 위로 받을 마음에서였을까.

살아계실 때 친정에 한 번씩 들를 때면 그 이모께서 용돈이며 맛있는 것을 사 오신다는 말을 자주 하시곤 했었다. 그날 버섯농장 뒤에서 팔순이 되신 이모의 손을 잡고 엄마 살아계실 때 잘해 드리지 못한 것이 이렇게 후회스럽다는 하소연을 했다. 이모도 언니가 보고 싶어서일까, 눈물을 보이셨다.

가난한 농부에게 시집을 오셔서 힘들게 살다 가신 우리 엄마. 식구들 굶기지 않으려고 그 얇은 고무신 기워 신고 왕복 60리 길을 머리에 장작을 이고 눈이 발목까지 올라오는 날도 술도가에 내다 팔았다. 가난에서 벗어나기 위해 고구마 심었던 밭에는 배나무를 심었다. 그때는 엄마의 머리와 아버지 지게가 최고의 운반 수단이고 보니 엄마의 머리 위에는 굳은

살이 박혀 쪽진 머리 갈래로 훤히 내다보였다. 조금이라도 더 팔아 오실 양 보통이 끝닿는 대로 묶어서 머리에 이고 또 한 손에 들고는 몇 십 리 길 시장에 내셨다.

자식들에게는 머리카락 빠지면 재주가 없어진다고 짐을 머리에 얹지 말라고 하시던 당신은 태산 같은 짐을 머리로 여 나르셨다. 병들어 누워 계실 때 마음속에 묻어둔 얘기를 뒤늦게 들려 주셨다. 아버지 남의 집 일해 받은 쌀을 부모님 뫼시는 큰댁에 주곤 하셨는데, 그 해 엄마는 큰아버지 오시기 전에 두 됫박을 몰래 퍼내어 꽁보리밥만 먹는 우리 식구들 쌀밥을 먹였다고 한다. 지금까지 아무에게 얘기 못했다는 말을 하며 눈물을 글썽이셨다.

모진 가난을 짊어지고 살아오신 부모님은 이미 계시지 않지만 항상 우리를 굽어보며 잘 살아가길 바라실 것이다.

지난날이 그리워요

사랑하는 어머니께 드립니다.
개구리가 개굴거리고 뻐꾸기가 우는 오월이 오면
어머니가 더욱 보고 싶습니다.
자주 찾아뵙지 못하는 불효한 딸을 용서하세요.
나이 들고 자식 키우다 보니 어머니 살아오신 세월을
조금은 알 것 같기에 더욱 그립고
못해 드린 세월이 미워집니다.
먹을 것이 흔하지 않아 새벽이면 무밥을 하기 위해
두드리는 도마 소리가 듣기 싫어

이불을 뒤집어쓰고 짜증을 내었었지요.
보리밥이 먹기 싫어 어머니가 시장 간 사이
제사 때만 쓰려고 뭉쳐 두었던 찹쌀 한 그릇 퍼서
동생과 밥을 해먹고 모른 체하고 있었는데
동생이 일러바쳐 혼도 났지만
지금 생각하니
어머니 어렵게 살아오셨던 그날들이
저에게 많은 생활의 가르침으로 다가옵니다.

사랑하는 어머니!
오늘 아침에는 뻐꾸기가 울고
온 산천에는 낯익은 꽃들이 피었는지요.
앞 냇가에는 아직도 깨끗한 물이 흘러가는지요.
모든 것 다 변해도 우리 어머니만큼은 절대로 늙지 않을
거라고
이 불효 딸은 생각했었는데 말입니다.
어머니가 담그셨던 김치맛같이 담가 보지만
그 맛은 도저히 나지 않고
그 맛있던 된장찌개 맛은 나지 않습니다.
어머니!
사랑하는 어머니!

어버이날 시아버지께서 편찮으셔서 입원하셨습니다.
그래서 찾아뵙지 못했습니다.
시아버지께서는 돌아가신 아버지와 닮은 점이 너무 많아
아버지께서 곁에 계신 것 같아 마음 편합니다.
어머니 ! 오래오래 사세요.

여기가 내 자리다

고향집 과수원 곁에는 친정아버지 산소가 있다. 평소에 과수원 일을 하다 "여기가 내 자리다." 하시던 아버지를 그 자리에 모신 지도 벌써 강산이 훌쩍 바뀌었다. 살아 계실 때는 백 년이고 이백 년이고 우리 곁에 마냥 계실 거라는 생각을 했다. 고추잠자리가 저녁놀을 받아 반짝거리고 오랜만에 보는 도로 옆 하얀 박꽃이 피어나던 가을날, 나는 아버지 산소를 찾았다. 어머니가 담근 술은 아니지만 술잔을 올리고, 긴 담뱃대는 아니지만 준비해 간 담배에 불을 당겨 놓았다.

아버지의 체취가 과수원을 돌아 나온다. 배나무 심기 전에는 수박과 참외를 심으시고 손수 원두막을 지어 낮에는 동네 아이들의 놀이터가 되어 주던 그 원두막도 주인을 잃어 관리하는 사람 없으니 금방이라도 쓰러질 것 같다. 아버지가 심었던 과수원 울타리 탱자나무에 탱자가 조롱조롱 달려 있다. 우리 식구들의 용돈과 식량이 되어 주던 배나무는 병든 고목이 되어 잡초와 풀벌레소리만 가득하다.

손이 백 번 가야만 호주머니에 돈이 들어올 수 있다는 배 농사일을 한평생 다 하고 가신 아버지의 목소리는 들리지 않는다. 추운 겨울날 땔나무 한 짐을 지고 첫닭 우는 새벽 삼십 리 길 당포장터 술도가에 내다 팔아 지게 목에 달아 오시는 생선 몇 마리를 놓고, 철없는 동생들과 아버지 밥상머리에서 서로 많이 먹으려고 얼마나 싸움을 했던가! 아버지 마음을 몰랐던 이 철부지 돌아가신 뒤에 후회해 보건만 아무 소용없는 일인 것을 지금에야 알겠다.

"있을 때 잘해." 하는 코미디 프로에서 웃어넘기는 말을 새겨 보면, 그냥 웃어넘길 말이 아니라 살아가면서 꼭 실천해야 되는 말이 아닐까 싶다.

아무리 맛있는 음식이 있고 좋은 일이 있다 해도 지금은 소용이 없다. 생전에 못해 드린 일들을 후회하면서 어둠이 내리고 소쩍새가 울어 예는 산길에는 아버지 모습이 아롱거린다.

장독대

‘장독대’ 하면 언제나 떠오르는 그림은 양감과 질감이다. 윤기가 자르르 흐르는 크고 작은 항아리들이 옹기종기 놓인 모성의 세계. 거기 금싸라기 같은 햇살이 자글자글 쏟아 붓고, 수를 놓듯 둘레엔 채송화로 두루루 박음질 되어 있는.

어느 집이나 한 귀퉁이에 큰 돌로 촘촘히 박아 경계를 짓고 그 위에 잔자갈을 고루 채운 장독대가 있었다.

옛날 음식엔 된장, 고추장, 간장이 빠지는 음식이 거의 없었다. 그래서 어른들은 반찬, 즉 맛의 근원을 염장(鹽藏)이라 했다. 그러니 그 집 음식 맛은 장맛이라고, 모름지기 장맛의 중요성을 말해 준다.

그만큼 된장, 간장은 '하루 고질은 식전 해장술, 일 년 고질은 잘못 담근 장, 평생 고질은 배우자 잘못 만난 탓'이라고 여기리만치 중하게 여겼다.

우리 선조들은 특히 된장, 고추장을 담그는 날은 손이 없는 길일을 골라서 했다.

장 담그기는 잘 띄운 메주를 일일이 소쿠리에 정갈하게 씻어 건져 앉히고 알맞게 소금 간을 하여 항아리 뚜껑을 덮는 신성한 의식처럼 행해졌다. 그런 다음 숯과 고추를 끼운 금줄을 항아리의 몸통에 둘러쳐 부정한 기운의 침입을 막았다.

이렇게 하여 한 해를 온전히 묵혀 두면 잘 삭은 메주와 소금이 발효 과정을 거쳐 된장이 되고, 거기서 맑은 국간장이 우러난다. 또 고춧가루와 찹쌀가루를 엿기름에 삭혀, 조청(造淸)을 고아 휘휘 저어 담그면 입에 착착 붙는 감칠맛의 고추장 한 단지가 마련된다. 그렇게 이듬해까지 된장, 고추장 항아리들은 동지섣달 설한풍 속에서도 시나브로 곰삭아 간다.

고초당초 매운 시집살이 같은 인내를 통해 속을 삭이며 인생을 달관하듯 살아온 우리네 어머니의 인고처럼 된장, 간장 그리고 고추장은 1년 내내 밥상 위에 제공되는 모든 맛의 근원이 되어 주는 것이다.

그러나 언제부턴가 라면, 햄, 치즈, 소시지 같은 인스턴터 식품들을 즐겨 먹다 보니 된장, 고추장을 멀리하게 되었고, 장 담그는 수고를 상표명이 붙은 포장 고추장, 된장이 대신하게 되면서 우리의 생활 속에서 하나 둘 장독대가 자취를 감추게 되었다.

옛 아낙네들은 힘들고 서러운 일이 있으면 장독대 뒤에 숨어 치맛자락으로 눈물을 훔치곤 했다.

그러나 아파트 등으로 주거 형태가 바뀌고 장독대가 사라지고부터는 울 곳이 없어진 여자들이 서럽고 괴로운 일, 슬픈 일이 생기면 밖으로 부초처럼 떠돌 수밖에 없어진 것은 아닐까. 한마디로 정신적인 해우소(解憂所)가 사라져 버린 것이다. 정성들여 매만져 자신의 손으로 소중히 갈무리해 오던.

언제부턴가 여인들도 공허감이 들면 카페나 술집을 찾아가 허무와 쓸쓸함을 달랜다. 그 방황의 끝은 결국 황폐로 이어지고, 그러다 보니 삐걱거리게 되고 그 결과 가정이 무너지기도 한다.

장독대가 사라지면서 이 땅의 여인들의 견딤과 참음도, 가족을 위한 희생도 묽어져 버린 것은 아닐까. 된장, 간장 같은, 마음속 오로칠상(五怒七傷)을 진드근히 삭히는 견딤이 없으니 갈라서는 부부들이 갈수록 늘어나는 것은 아닌지를 생각하게 된다.

과연 견딤과 참음은 오늘날 시대를 앞서가는 여성들이 생각하듯 그렇게 촌스럽기만 한 것일까.

된장, 고추장이 삭아가던 시골집 장독대가 그립다.

내 마음의 세한도

겨울을 맞은 시골 마을은 스산하다. 앙상한 나뭇가지만 남은 감나무들, 벼를 벤 그루터기, 시린 이마를 맞댄 사이좋은 농가들, 텅 빈 마당, 추수를 끝낸 볏짚을 높이높이 쌓아올린 낟가리, 인적 없는 동구 밖엔 까치집 하나 키 큰 미루나무에 매달려 있는 한가한 농정(農情).

그 풍경 위로 눈발이라도 붐빌라치면 바쁠 것 하나 없는 시골 마을도 갑자기 부산스러워지는 느낌이 들곤 했었다. 헐벗고 을씨년스러워 보이는 농구(農具)와 세간 위로 마구 퍼붓는 눈발을 고즈넉이 바라다보면 마음마저 넉넉해지곤 했었다.

눈발이 툭툭 문설주 치는 소리를 들으며 따스한 귤빛처럼 호롱불빛 새어나오는 산촌의 밤은 깊어간다. 말만 한 처녀총각들이 몰래 만나 묵내기 화투라도 한판 벌이다가 시장기를 느껴 귀기 서린 달빛에 고무신짝을 끌고 조그만 움집을 만들어 세운 항아리를 열고 꺼내온 맛깔스런 벌건 배추김치와 얼음 동동 뜨는, 뼛속까지 아린 서늘한 동치미 한 사발, 찬밥에 척척 걸쳐 먹던 그 눈 오는 밤의 왕성한 식욕은 다 어디로 갔는가.

밤마실 갔다가 돌아오는 눈 쌓인 골목길의 푸른 인광(燐光) 같은 적요, 휘휘한 눈바람에 으스스 몸을 떨며 아랫목 이불 속으로 발을 집어넣으면 어혈 풀리듯 언 몸이 스르르 녹던 그 안온함이란……. 흰 눈은 밤새도록 소리 없이 내려 싸르락 싸르락 쌓이고, 눈 뚝 그친 이튿날 새벽이면 상쾌한 잠에서 깨어난 때꾼한 두 눈 가득 짓쳐들어오던 햇살, 마당 어귀 추수를 끝낸 볏가리를 헤집으며 뭐라 뭐라 지저귀는 참새 떼, 광에는 추수를 해서 나락을 한 가득 쟁여 두고 겨울 한철 양식인 김장까지 해 두었으니 만사 걱정이 없었다.

장작을 패서 굴뚝 아래 차곡차곡 보기 좋게 쌓아올리고 나면 왕후장상(王侯將相)도 부러울 것 없는 나만의 부자였다. 국화꽃, 난초잎 따위를 따서 말려 넣어 풀칠한, 볕이 잘 드는 조촐한 남향집 한지창으로 번지는 햇살이 졸음처럼 아련했었다. 토방 문풍지 사이로 논밭을 달려온 승냥이 떼 같은 휘휘한 바람소리도 방 안에서 들으면 순순했다.

외풍이 세서 고구마 덕을 설치한 윗목은 사발의 물이 얼 정도로 냉기가 감돌아도, 쇠죽솥을 걸어 이글거리는 군불을 땐 노릇노릇한 콩땜한 장판방 아랫목 이불 속은 포근하기 그지없었다.

정말 그때 그 시절엔 너나없이 큰 욕심 안 부리고 살았던 것 같다. 그런데 지금 우리는 그때 그 빈한하던 시절보다 물질적으로 비교할 수 없을 정도로 넉넉하게 살아가고 있는데 왜 다들 불만투성이일까. 그것은 삶의 여백도 없이 가득 채우려 함 때문이 아닐지.

보일러 방은 따뜻함을 느낄 겨를도 없이 바로 '덥다'로 건너뛴다. 그러나 생각해 보면 윗목이 냉기가 있어야 아랫목의 따뜻함도 느낄 수 있는 것이다.

물이 반잔밖에 안 남았다고 생각하는 사람이 있는 반면에 아직 반잔이나 남았다고 여기는 사람도 있다. 그러니 진정한 만족이나 행복은 도리어 모자람을 안을 줄 알고 그 삶의 여백을 즐기는 데서 온다.

무릇 물욕이란 것은 마음을 한없이 불안정하게 하고 지나치면 패가망신에 이르게 된다.

앙상한 나무들이 하늘을 판화처럼 수놓고 밥 짓는 저녁연기가 어스름을 풀어놓는 텅빈 들판 같은 무량한 마음의 여백, 나 그런 <마음의 세한도> 하나 오래오래 간직하며 살아갈 것이다.

2

아카시아 꽃을 선생님 책상에 올려 두고

사추기(思秋期) 소녀들의 가을바다의 낭만

소꿉친구들과 여름휴가를 전라도 완도에 다녀왔다. 구름 한 점 없는 하늘이다. 작은 봉고차에 오른 중년이 넘은 열세 명의 여자들, 엉덩이보다 좁은 자리를 서로 반쪽씩 의지하며 떠나는 길, 창밖에서 후끈 들어오는 햇볕과 훅훅 찌는 삼복 더위에 콩나물시루 같은 차 안은 찜통이었다. 떠나오지 말 걸 후회하다 보니 짜증이 나면서 얼마 달리지 못해 옷이 땀으로 흠뻑 젖어가고 있었다.

관광버스를 준비하지 못한 친구가 행여나 기분 상해할까 봐 눈치를 보면서 떠나는 완도 여행길은 너무 멀게 느껴졌다. 차 안에서 여섯 시간, 인내의 한계를 느낄 무렵 목적지에 도착하고 보니 시장기가 느껴졌다.

평소 비싸서 쉽게 먹어보지 못했던 양식 전복 집으로 들어갔다. 미리 연락을 해 둔 민박집은 젊은 할머니 혼자 사시는 조용하고 깨끗한 집이었고, 아래는 작은 해안선이 있었다.

어느덧 해가 뉘엿뉘엿 지고 아름다운 저녁놀이 백사장을 수놓고 있을 때, 나는 멀리 오는 친구들을 불렀다. 모래 언덕에 나란히 신을 벗어 놓은 채 밀려오는 파도에 발목을 담가 보면서 나이에 어울리지 않는 토끼뜀을 뛰다가 옷이 물에 젖지 않을 만큼 물속으로 걷곤 했다.

자꾸 걷다 보니 배꼽 깊이까지 바닷물 속으로 잠겨 버리고 말았다. 몸 전체를 물속으로 집어넣기로 하고 그만 땅을 짚고 힘껏 물장구를 치기 시작했다. 바닷물에 물장구치며 놀던 때가 언제였던가 싶었다.

서서 구경만 하던 친구에게 물장구치던 친구들이 손으로 물을 퍼붓고 보니 친구 모두 바닷물 속으로 들어와 소꿉장난하던 그 때 그 시절로 돌아갔다.

나이를 잊은 채 해안 전부가 우리들 놀이터 마냥 떠들고 웃다 보니 해안 가로등 불빛이 하나 둘 켜지기 시작했다. 펑퍼짐한 몸매에 찰싹 몸에 달라붙은 옷을 마주 쳐다보면서 오들오들 떨며 웃는 모습들은 근심걱정 파도 속에 다 씻어버린

양 모두들 천사의 얼굴이 이럴까 싶었다.

젖은 옷을 그대로 입고 민박집 마당에 세워 둔 봉고차 안에서 흘러나오는 노래 따라 민박집 젊은 할머니와 같이 어울려 관광버스 춤을 추기도 했다.

평상에 앉아 저녁을 먹고 밤하늘의 초롱초롱한 별을 보며 친구들과 모처럼 동심에 젖기도 하면서 밤을 보냈다.

돌아오는 길, 근심걱정을 날려 버리고 나니 여행 떠나올 때같이 짜증스런 얼굴은 보이지 않았다. 세상을 살다 보니 나쁜 일이 있으면 좋은 일도 있기 마련이다.

한번쯤 여행을 떠나 보는 것도 삐걱거리는 삶에 기름칠을 하는 것과 같지 않을까 싶다.

콩쿨대회, 그리고 배 전복 사건

옥수수 알 같은 땀방울이 머리 위를 타고 흘러내리게 하던 따가운 햇살은 산봉우리가 꼴깍 삼켜버렸다.

진종일 여름의 옆구리를 톱질하던 매미소리는 어둠이 내린 밤 아파트 가로등 환한 불빛을 대낮인 양 착각을 하는지 그칠 줄을 모른다.

식구들의 귀가가 늦어진다기에 보리밥 열무김치에 된장을 넣고 비벼서 저녁을 먹었다. 심심파적으로 텔레비전 채널을 이쪽 저쪽으로 돌려본다. 젊은 가수들의 빠른 춤과 노래는 가사 전달이 되지 않는 나에게는 시끄럽기만 한데, 그래도 피켓을 든 아이들은 열광의 도가니 속에 노래도 잘도 따라 부른다.

어릴 적 동네에서 명절이나 특별한 날 동네 청년들 주최 콩쿨대회가 열렸다. 아가씨들 가슴 두근거리게 하는 사람은 기타맨과 하모니카맨이었다. 새끼줄에 매달려 있는 호야 불빛 아래 비치는 그 맨들의 노래에 취해 퉁겨대는 손가락과 진지한 얼굴은 아가씨들의 열광적인 환호를 받았다.

빨랫비누와 성냥, 그리고 양은솥이 상품이었다.

달도 유난히 밝은 추석날이었다. 개구쟁이 친구들과 강 건너 동네 콩쿨대회 구경을 가기로 하고 강둑에 모였다.

1년에 한 번씩 삯으로 곡식을 내고 타던 나룻배가 있었지만, 우리는 강가에 매여 있는 쪽배를 주인 몰래 타고 남자 친구들은 노를 저었다. 강폭은 넓지 않았지만 배 젓는 솜씨들이 서툴 뿐만 아니라 인원 초과까지 해서 그런지 가면 갈수록 배는 기우뚱거리기 시작했다. 여자 친구들이 무서움에 어쩔 줄 몰라 하고 있을 때 배는 뒤집어지면서 우리는 모두 물속으로 잠겨 버리고 말았다.

강물을 마시며 허우적거리다가 강가에 서 있는 갈대를 잡게 되어 겨우 살아났다. 정말이지 물에 빠진 사람은 지푸라기라도 잡으려 한다고 했던가. 우리는 앞 거랑에 멱 감던 실력과 갈대 덕분으로 간신히 살아났던 것 같다.

그런데 물에 빠진 생쥐꼴로 콩쿨대회에 갈 수가 없었다. 여자애들은 콩잎이 우거진 밭에 들어가 옷의 물기를 대강 짜 입고 다시 올라온 배의 인원을 초과하지 않고 건넜다.

성냥을 빌려온 친구는 논둑에 쌓아 놓은 건초를 가져와 불을 피웠고, 우리는 둘러앉아 젖은 옷을 말리고 있었다. 그때였다. 고함을 지르며 작대기를 들고 오는 사람이 있었다. 건초더미 주인이었다.

걸음아 날 살려라 도망쳐 집으로 왔지만 젖은 옷은 갈아입지 못했다. 그 시절에는 식구들 옷은 이를 옮길까 봐 날을 정해 갈아입기 때문에 밤늦게 장롱을 열어 뒤진다는 것은 같은 방에서 주무시고 계시는 엄마한테 매타작이나 당할까 싶어 참고 잠을 자려 하니 축축한 옷 때문에 잠을 이룰 수가 없었다.

아침이 되어 엄마의 고함 소리는 높았고, 식구들은 오줌을 싸서 그런 줄 알고 있었다. 퉁퉁 불은 온돌방 장판지는 밤새도록 나를 괴롭혔다.

결국 그 날 콩쿨대회는 못 갔지만 그때 그 시절 노래들은 언제 들어도 좋다. 그리고 친구들 모임에 가면 그때 일을 이야기한다.

나 인자 시끄러워 우째 살꼬

편지함 속엔 청첩장과 함께 친구가 보낸 서신이 반갑게 기다리고 있었다. 손주까지 얻었건만 아직도 소녀티를 벗지 못한 이 친구는 낙엽이 떨어지는 가을이면 친구들을 생각하면서 낙엽을 주워 모아 마지막 가는 12월을 잊지 않고 동기모임에 나오는 여자 친구들에게 보내온다. 그 정성이 벌써 강산이 한번 바뀔 세월이었다.

할머니가 된 나이에도 소녀 같은 마음을 배달해 주지만, 항상 긍정적인 생각을 가진 친구이기에 얼굴만 보아도 웃음이 머금어진다.

마음이 밝은 친구가 올해도 예쁜 낙엽들을 붙여 편지글과 함께 보내왔다. 동봉된 청첩장을 열어 보니 부산에 사는 친구 딸이 결혼을 한단다. 요즈음 친구 자녀 결혼식은 동기회나 다름없이 많이들 참석한다. 우리 나이는 부모님 돌아가시고 자식 출가시키는 일들이며 길흉사가 많은, 몸도 마음도 바쁜 세대다.

친구의 딸 결혼식 날 울산 친구들은 예식 시간보다 일찍 들어서고 보니 광목 치마저고리 입고 콧물 옷소매에 닦아내던 계집아이였던 친구는 볼그레한 한복 치마저고리에 장성한 자식들과 손님을 맞고 있었다. 친구 자식들 결혼식장에서 가끔 느끼는 것은 어느새 이렇게 나이 들어 자식 짝을 지어 보내게 되었나 싶은 마음이다. 그리고 나 자신 허무한 생각이 들기도 한다. 흐르는 세월이야 잡을 수 없지만 혼자만의 생각은 아닐 듯싶다.

이 날 장모가 된 친구는 우리에게 떡과 과일이며 식당 음식 비용까지 푸짐하게 주었다. 식당을 운영하는 친구 집으로 가서 친구가 직접 담근 젓갈과 음식을 들면서 어릴 때 먹어 본 그 맛이라고 좋아했다. 그리고 이야기는 지칠 줄을 몰랐다.

자식들 어릴 때는 자식 자랑하던 친구들이었는데, 이제는 할아버지 할머니라 불러주는 손주 자랑하면서 자신들이 나이를 먹다 보니 손주가 자식보다 귀엽고 예쁘다고 한다.

남녀 친구들은 따뜻한 식당 방에서 옛날 반 짝꿍들과 책상에 금 그어 놓고 넘지 말라던 그 시절로 돌아가고픈 때문일까. 친구들은 짝을 만들어 보자면서 희끗희끗한 머리를 만지다 말고 식당에 놓여 있는 화투 한 장씩을 나누어주며 같은 화투장끼리 남과 여가 일어나서 결혼식 장면을 연출해 보라고 했다. 그리고 친구들은 하나같이 결혼 행진곡을 불렀는데, 목소리가 큰 여자친구의 짝이 된 남자친구는 웃다 말고 화장실로 가다 "아이고! 나 인자 시끄러워 우째 살꼬?" 하는 게 아닌가.

식당이 터져 나갈 듯 웃다 보니 창밖에는 황혼이 물들고 있었다.

공포의 상엿집

비라도 한줄기 내린다면 아주 시원할 것 같은 오후였다. 갑자기 먹장구름이 하늘을 메우더니 번쩍이는 번갯불, 우르르 하는 천둥소리와 함께 우박 같은 굵은 비가 후두둑 떨어진다.

가끔 아파트 주위를 맴돌던 덩치 큰 까만 고양이가 놀라 쓰레기 수거함 밑으로 들어가 두 눈에 빛을 흘리며 와웅거리고 있었다.

어릴 적 생각에 전율이 왔다. 산골인 우리 동네는 큰 동네에서 산 한 등을 넘어서야만 동네가 보이는 공기가 아주 맑은 곳이다. 그 산 고개를 넘어서기 전에 사람이 죽으면 공동으로 사용하는 상여를 보관해 두는 집이 있었다. 아이들은 그곳을 지날 때면 항상 침을 힘껏 뱉어 버리기도 했고, 비가 오는 날 혼자 지날 때는 작은 돌 하나를 힘껏 손에 쥐고 지나쳤다.

어느 여름날 장맛비가 추적추적 내리던 날 친구들과 서로 앞다투어 그곳을 지나다 바람난 고양이가 상엿집 처마 밑에서 두 눈에 광기를 발하며 우리에게 덤빌 기세를 취하며 와웅거리고 있었다.

안 그래도 그곳을 지날 때마다 긴장이 되고는 했는데, 너무 놀란 우리는 오늘 부러지면 내일 비가 온다고 해도 받고 나갈 우산이 없는 줄 알지만, 그 비닐우산이 갈기갈기 찢어진다 해도 죽을 것만 같은 무서움에 우산도 내버리고 걸음아 날 살려라 내달렸다. 맨 뒤에 오는 친구가 울며불며 따라와도 나만 살겠다고 뛰던 철없던 그 때 비오는 날의 상엿집 고양이는 아이들에게 공포 그 자체였다.

초상이 난 집 고양이가 굴뚝으로 들어가면 시체가 일어선다고 해서 그때는 제일 먼저 굴뚝을 가마니로 막기도 했다. 지금 생각해보니 고양이는 피를 좋아해서 행여나 하는 마음에서 그러지 않았을까 싶다.

몇 해 동안 우리들을 놀라게 했던 상엿집은 그 후 다른 곳으로 이전해 버리고, 산등성이를 개간해서 배밭에 배들이 주렁주렁 탐스럽게 달려 있는 길을 편안하게 다녔다.

요즈음도 천둥 번개 치고 비가 오는 날이면 가끔 두려웠던 그 일이 생각나고는 한다.

아카시아 꽃을 선생님 책상에 올려 두고

산굽이 막 피어난 아카시아 꽃들은 어젯밤 비를 맞아 부시도록 윤기를 흘리고 있다. 마음 가득 쌓였던 연연한 향기가 되살아나 글로 써 보려 한다.

딸아이에게 부쳐온 고사리 손들의 쪽지 편지를 보다가, 그렇지 딸아이와 비슷한 나이였던 음악 선생님, 보름달같이 밝고 동그란 얼굴, 여성스러움을 흠뻑 갖추시고.

우리 학교가 첫 발령지라고 하셨던 분, 나의 담임까지 맡으셨고 방과 후 노래며 하모니카를 가르쳐주시던 선생님, 그 선생님을 30년이 훨씬 지난 지금까지 한 번도 찾아뵙지 못해 죄송스럽다. 얼마 전에야 교육청으로 전화를 했더니 주소가 입력되어 있지 않아 확인조차 할 수 없었다. 그 동안 마음뿐이었던 나 자신이 후회스러웠다.

가난하기만 했던 그 시절, 수학 여행비가 없어 눈이 퉁퉁 붓도록 울고 학교에 나가 보니 선생님께서 나를 양호실로 부르셨다. 수학 여행비와 잡비를 손에 꼭 쥐어 주시며 용기를 내라시던 선생님. 공부 열심히 하라며 아이들 부러워하는 음악 문제집을 가끔 주셨던 선생님께 선물을 드리고 싶었지만 마음뿐이었다.

어느 날 학교 가는 산비탈에 조롱조롱 맺힌 아카시아 꽃을 선생님 책상 위에 올려두고는 부끄러워했던 일이 생각난다. 우리 집 텃밭 치마 상추를 아이들이 보면 샘낼까 싶어 보자기에 꽁꽁 싸서 선생님 자취 방문 앞에 두고 도망치듯이 달려온 적도 있었다. 나는 이 모두가 선생님께 드리는 것이었기에 부끄러워하면서도 그것으로 기뻤다. 찾아뵙는다는 것을 진작 실천하지 못하고 긴 세월을 흘려보내고 뒤늦게 마음이 바빠진다. 힘 닿는 대로 선생님을 찾아 동창회에 꼭 모시고 싶다. 친구들과 같이 노래도 부르고 아직 잊지 않은 하모니카 솜씨도 들려드리는 자리 마련해야겠다.

염불보다 젯밥

올 가을 들판은 어느 해보다 곡식들이 탐스러워 보인다. 그런데 햅쌀을 먹고 싶지만 잡곡이 건강에 좋다는 이유로 쌀보다 잡곡을 많이 먹는 탓에 쌀통 안에 조금 남은 묵은 흰쌀에 까만 벌레들이 하나 둘 보이기 시작한다. 흰쌀보다 비싼 잡곡을 사던 날 유년 시절 아픈 기억들이 되살아났다. 보리쌀을 삶아 다시 물을 붓고는 쌀이 보리쌀에 숨어 잘 보이지 않을 정도로 밥을 해 먹던 시절이었다.

대가족이 큰댁에 모여 사는 집에는 주걱을 먼저 손에 잡고 밥을 그릇에 담는 여인의 남편은 밥그릇의 밥이 아래부터 줄어들었다. 남편에게 보약같이 생각했던 흰밥을 많이 먹게 하기 위해 누가 눈치 챌까 봐 아래는 흰밥, 위에는 보리밥을 담았던 것이다. 기일 날에는 흰쌀밥을 먹을 수 있다는 기대에 부풀었다. 코흘리개 아이가 제 엄마 치맛자락을 잡고 큰아버지 집으로 들어서면 큰어머님께서 알맞게 길러놓은 콩나물 두 동이가 넓은 마루 가운데 집안 노인들과 아이들을 기다리고 있었다. 젊은 사람들은 디딜방앗간에서 물에 불은 쌀을 건져 다리품으로 쿵덕쿵덕 빻고 체로 부드럽게 한 다음 맛있는 시루떡을 만들었다. 양지 바른 장독대 옆에 반질하게 놓여 있는 떡돌 위에 김이 무럭무럭 올라오는 찐 찹쌀을 떡메로 쳐서 인절미를 만들었다. 쌀 싸래기를 가루 내어 무를 잘게 썬 다음 부침떡을 만들어 보채는 아이들 입을 잠깐 다물게 했지만, 배를 채우지 못한 아이들은 밖에 나가 놀지를 못하고 집 안에서 맴돌기도 했다.

흰쌀밥만 먹을 수 있는 날은 명절날과 기일 날이었다. 기일 날도 조상을 모시는 자정까지 잠들지 않아야 고소한 참기름을 넣은 나물과 비벼 먹는 하얀 젯밥을 얻어먹을 수가 있었다. 한번은 '이번만은 잠들지 않고 젯밥을 꼭 먹어야지.' 하는 일념에 사촌 언니와 잠을 참기 위해 추운 날씨에도 늦게까지 밖에서 뛰어 놀다 따뜻한 방으로 들어가 보니 금방 잠이 들고 말았다.

큰방에서 음복하는 수저 소리에 잠에서 깨어났지만, 아무도 일어나라고 하지 않는데 혼자 밥을 먹겠다고 들어갈 수가 없어서 옆에 잠들고 있는 언니를 흔들어 깨워 보았지만 기척이 없었다. 그런데 큰방에서는 방문 열고 나오는 우리 어머니에게 "아이들 다 자고 있는데 깨우지 마라." 이 서운한 목소리는 나를 더욱 더 일어날 수 없게 했다. 그래도 젯밥 생각에 일어나 나갈까. 여러 차례 망설여 보았지만 누구도 일어나 보라는 소리는 없었고, 무정하게도 수저 내리는 소리와 고소한 음식 냄새만을 남겨둔 채 창호지 밖 어둠이 짙어올 때 나는 갑자기 가슴이 답답해 오면서 눈물이 찔끔 나올 만큼 서운해 잠을 이룰 수가 없었던 기억이 난다.

요즈음은 기일 날 밤늦게 밥을 먹으면 살이 찐다고 젯밥은 먹지 않지만, 가난했던 그때 그 젯밥의 기막힌 맛은 잊을 수가 없다.

보리밥의 추억

우리 집 앞산의 소쩍새는 무엇이 그리 서러운지 간밤에는 피를 토하듯 울었는데, 날이 밝으니 뻐꾸기 소리가 골짜기를 넓힌다.

아파트 마당에서 나오는 승합차 소리에 다람쥐 한 마리 길을 질러가고 풀잎들은 푸르른 아침나절이다. 이런 날이면 보리가 익어가는 고향 꿈을 꾼다.

엄동설한 내내 언 땅에서 발을 내리는 인내심, 그리고 소쩍새 소리에 보리는 피어나 뙤약볕 아래 결실을 맺고 우리들 밥상에서 건강을 책임지고 있었다는 것이 지금 새삼 느껴진다.

얼마 전, 아는 분께서 나 코흘리개 때 보았던 밥사발을 주셔서 다시 내어 보니 요즈음 밥그릇 갑절은 되었다. 군것질거리도 없으니 그나마 밥그릇이라도 크게 만들지 않았나 싶다.

어릴 적 집에서 조금 떨어진 산자락 밑 옹달샘은 겨울에는 따뜻하고 여름에는 차가운 우리 가족의 감로수였다.

그 샘물로 매일 우리 어머니 겨 잿불로 구워 말린 바가지 휘이휘이 솔잎 걷어내고 옹기 사구에 보리쌀 씻어 밥을 지었었다.

보리밥 찬물에 말아 텃밭에 오이 뚝 따서 치마폭에 쓱쓱 몇 번 닦아 된장 고추장에 쿡 찍어 먹었다. 사카린 몇 알 넣은 보리 미숫가루 샘물에 타서 한 사발 들이켜면 소화 안 되고 변비 생겼다는 말은 생각해 볼 수도 없었다.

며칠 전엔 누렇게 보리가 익어가는 밭둑을 지나다 한 젊은 아줌마가 보리 모가지를 잘라 가방 속에 넣는 것을 보았다.

보리피리를 만들 것 같지 않아 궁금하여 물어 보았더니 보리가 나무인 줄 아는 자기 아이에게 보여주겠다는 것이다. 어쩌다 보리쌀 한 주먹 넣어 밥 지으면 상 위에 한 톨씩 가려낸다고 했다. 물론 이 아이들도 세월이 흐른 뒤에나 느낄 수 있겠지만, 옛날 보릿고개 이야기는 괜히 생겨난 것이 아니다.

"소쩍 소쩍" 소쩍새 울음소리는 지금도 우리 세대들에게는 솥이 적다는 소리로 들린다. 가난했던 시절 민초들의 슬픈 울음소리다. 꼬부랑말이 섞인 음식들을 좋아하는 요즈음 아이들에게 아무리 좋다고 해도 어찌 알겠는가.

나는 요즈음도 가끔 외식을 할 때면 열무 보리밥집을 찾는다.

건강에도 좋지만 그때 그 시절이 그리워져서…….

뻥튀기의 추억

'뻥' 하는 소리가 아파트를 울렸다. 나는 어디 폭발 사고가 난 것은 아닌가 놀라 소리 나는 쪽 창문을 열어보았다. 정문 가까이 트럭 옆에서 연기가 피어오르고 있었다. 한눈에 박산을 튀기는 트럭인 것을 알고는 한숨을 놓았다. 정문으로 나갔다. 뻥 아저씨 옆에는 옥수수 튀긴 것과 쌀로 튀긴 하얀 박산들이 비닐 포장 속으로 차곡차곡 줄을 서고 있었다.

국수 부스러기 같은 재료를 넣고 나니 기계 속에서 '뻥뻥' 터져 나오는 보름달같이 둥근 하얀 박산들을 뻥 아저씨가 트럭 위에 앉아 비닐봉지 속에 열심히 집어넣고 있었다.

나는 가슴이 설레기 시작했다. 어릴 적 일 원짜리 동전으로, 맛이 있었던 보름달 같은 하얀 박산과 한 알을 입에 넣고 나면 십 리까지 먹을 수 있다는 십리사탕이 있었다.

소풍갈 때 고구마에 달걀, 그리고 돈 일 원을 받았다.

옷에는 주머니가 없었던지라 너무 좋아서 돈을 손에 꼭 쥐고는 크고 고소한 박산을 사야겠다는 생각에 막 뛰어가다 그만 일 원짜리 동전이 손에서 튀어나가 가뭄이 흙을 푸석하게 만들어 놓은 산 비탈길을 굴러서 흔적 없이 사라지고 말았다. 동네 친구들과 아무리 찾아도 보이지 않아 눈물을 흘렸던 기억이 난다.

동네 친구 덕분으로 둥근 박산을 얻어서도 소풍 갔다 왔다는 표시로 다 먹고 싶었지만, 한 개 먹고 집에 남겨 와서 동생과 나누어 먹었다. 뻥 아저씨에게 옛날 생각이 나서 한 봉지 더 사야겠다고 했더니 덤으로 몇 개 더 주신다.

가난했던 그 시절, 어른들은 튀길 때 곱절이나 되는 박산을 보고 하시는 말씀 "아이구, 이렇게 많이 보탬이 되는데도 우리들이 가난에서 벗어나지 못한다."면서 그래도 박산을 보고 좋아하셨다. 그때는 명절이 가까워 오면 큰 마을에는 뻥 아저씨가 깜둥강아지처럼 나타나고, 동네 아이들은 망태기에서 튀어나온 박산을 주워 먹기 위해 코를 흘리며 해가 지도록 몰려다녔다.

우리의 고유명절 설날이 오면 조청을 만들어 떡을 찍어먹고 박산 만들어 먹던 그때 그 시절이 그리움으로 남는다.

속옷이 수영복이던 추억 속으로의 헤엄치기

시누이는 수영장에 같이 다니면서 수영을 하자고 했다. 그런데 선뜻 대답이 나오지 않았다. 몸이 다 드러나는 수영복을 어떻게 입을 것인가 하는 생각에 며칠 갈팡질팡하다 혼자 수영복 파는 곳으로 나가 보았다. 여러 곳을 다 둘러보아도 몸매부터 갖추어져 있지 않은 나 자신이 입을 것이라고는 없었다. 수영복을 보면서 지나는 것만 해도 부끄러운 생각이 들 만큼 너무 과감한 디자인이며 울긋불긋한 색깔까지도 수영복을 입는다는 마음을 접게 만들었다. 오래 전부터 친구들은 수영을 하러 가자고 졸랐지만 이때껏 용기가 나지 않아 망설여질 수밖에 없었다.

쨍하게 아침부터 뜨겁던 날이었다. 시누이와 어머님께서는 내가 입을 수영복까지 마련했다고 하시며 같이 수영장에 갈 준비를 하라고 연락을 해 오셨다.

망설이고 또 망설이고 있으니 승용차가 어느새 우리 집 앞에 도착했다. 수영장으로 가는 차 속에서도 수영복 입을 생각을 하니 얼굴까지 열이 화끈 올라오는 것이었다. 시누이에게 수영복 입을 자신이 없어 수영을 할 수 없다고 하였더니, 몸무게 한몫 하시는 두 분께서 우리도 처음에는 너와 같은 생각을 했다고 하면서 몇 번 수영을 하다 보니까 괜찮더라고 용기를 주시는 것이다.

낯설어 하는 마음을 누르면서 두 분을 방패막이 삼아 수영복 차림으로 수영장에 들어서니 크롤칼키 내음이 코 깊숙이 찔러 왔다. 가두어 놓은 물속에는 아이 어른 남녀가 콩나물 시루같이 모여 있었다. 모두가 나를 쳐다보고 있는 것 같아 깊은 물속에 몸을 담가놓고 서 있기만 했더니, 시누이는 물안경까지 주시며 수영을 하라고 도와 주셨다. 나는 물속을 버둥대다 수영장 위에 올라와 사람들을 보았다. 아무도 나를 보는 시선은 없었다. 괜히 나 혼자 주눅 들어 있었던 것이다. 두 분의 손목을 잡고 야외 수영장으로 가 보았다. 햇빛 아래 드러난 희뿌연 수영장 물은 속옷이 수영복이었던 유년 시절을 떠올리게 했다.

큰 바위가 시냇물에 턱 버티고 있고 바위 아래 배꼽쯤 올라오는 맑은 물이 흘러가고 흘러 내려오던 그곳이 말하자면 야외 수영장이 아니었던가!

그렇게 지나간 시절을 그리워하면서 수영장을 나왔다. 그날 과감하게 수영복을 입게 된 것은 두 분이 계셨기에 내었던 용기다. 수영을 마치고 식당에 들러 식사를 하면서 쌀알이 동동 떠 있는 동동주를 한잔씩 나누어 마시며 다음에 또 오기로 약속을 했다. 그리고 조금 철 이른 코스모스를 뒤로하고 집으로 돌아왔다.

어느 땐 두 가지 마음이 며칠 동안 자리를 하면서도 선뜻 한 가지를 선택 못할 때가 있다. 그럴 때면 누군가에게 작은 용기라도 가질 수 있는 힘을 받았을 때는 그래도 인생이 살 만하구나 하는 생각을 갖게 된다.

3
사람이 꽃보다 아름다워

살며 사랑하며

비가 오는 날이나 특별한 날을 제외하고는 동네에 있는 초등학교 운동장에 밤마다 나가 땀이 나도록 20바퀴씩 돈다. 그러다 보면 한 시간이 지난다. 요즈음은 운동하는 이들이 많아 초저녁에는 운동장이 복잡하여 조금 늦은 시간에 걷다 보면 자정이 다 된다.

그런 어느 날이었다. 고요한 운동장에 젊은 여자 한 사람밖에 남아 있지 않았다. 그 여자는 나에게 가까이 오더니 몇 시쯤이나 되었냐, 얼마나 걸었느냐고 상냥하게 물어 왔다.

다섯 바퀴쯤 더 걷겠다고 했더니 혼잣말로 중얼거리며 내 뒤를 따라오고 있었다. 그리고 한 바퀴도 채 걷지 않고 학교 문을 빠져나갔다. 나는 한 시간을 채우기 위해 빠른 걸음으로 걷다가 인기척이 나는 것 같아 뒤를 돌아보았다. 분명 학교 문밖으로 사라졌던 여자가 바로 등 뒤를 따라오고 있었다. 그런데 또 조금 걷다 이상한 생각에 힐끔 다시 돌아보았더니 숨소리까지 들릴 만큼 바싹 붙어 걸어오던 여자는 흔적도 없이 사라지고 말았다.

갑자기 머리가 서늘해지고 다리가 후들거리면서 방송에서 보았던 무서운 장면들이 떠올라 시간을 다 채울 수가 없었다. 그 여자가 어디에선가 숨어 있다 툭 튀어나와 머리카락을 잡아당길 것 같은 생각이 불현듯 스치자 '걸음아 날 살려라'며 집을 향해 뛰었다.

학교 문을 막 빠져나올 때였다. 조금 전 그 여자보다 작은 체구의 여자가 씩씩거리면서 뛰어와 학교 안으로 들어가려다 나와 마주쳤다. 급한 목소리로 운동장에 사람들이 있느냐고 물었다. 나는 기어 들어가는 소리로 운동장에는 아무도 없으니 들어가지 말라고 했다. 그런데, 이 여자 얘기가 자기 친구와 운동장에서 만나기로 했는데 늦었지만 행여나 기다리고 있을까 싶어 나오게 됐다는 것이다. 그 소리를 듣는 순간 오해했던 일은 말할 수 없었지만 안도의 한숨이 나왔다.

그러고 보면, 나를 놀라게 했던 그 여자는 약속 때문에 시간을 물었고, 친구가 오는 쪽으로 가서 기다리다 다시 운동장으로, 그리고 집으로 가버린 것 같았다. 그날 저녁 그 여자를 만나지 않았다면 저녁에 운동장 나가는 것을 포기하고 말았을 것이다.

살다 보면 좋지 않게 오해하는 일이 많다. 무턱대고 남을 오해한다는 것이 어리석다는 걸 알았다. 이 모든 오해에서 벗어나 아무 대가를 바라지 않는 그곳에서 내일도 나 자신을 위해 걸을 것이다.

6월은 잔인한 달

새벽이면 지저귀는 새들의 소리에 잠을 깨고 창문 밖 숲속, 먹이를 찾는 새들의 부지런에 용기를 얻는다. 가족들과 문수사로 오르는 길, 이른 시간이지만 허리가 굽은 할머니는 쉬지 않고 젊은 우리 앞을 가로질러 오르신다. 목발을 짚고 한 계단 한 계단 밟으며 오르시는 모습에 잠깐 쉬어 가려다 그 분들을 보면서 용기를 내어 다시 걷는다.

땀이 범벅이 되어 절에 도착해도 가슴이 차분히 가라앉는 것은 대웅전 앞에 줄줄이 나붙어 있는 깨알 같은 이름들 때문이다. 조상 천도제를 올리는 분들이다.

6월은 잔인한 달이라고 했다. 전쟁의 달이다. 더위와의 전쟁이 시작되고 더불어 모기와의 전쟁이 있으며, 눈을 뜨면 나 자신이 태어나 처음 겪은 IMF와의 전쟁이 있다.

지난 세월이지만 마치 팔뚝에 남은 우두자국처럼 6 · 25전쟁의 아픔이 아련하게 떠오르는 달이기도 하다. 더위와 모기와의 전쟁은 무더운 여름이 지나면 이길 수 있다. 그러나 IMF와의 전쟁에 패잔병이 되어 목숨을 버리는 이들이 있으니 가슴이 아프다. 오죽했으면, 하는 이해와 함께 용기를 주고 싶다.

힘든 오르막 이후에는 곧 평지가 나오겠지 하는 희망을 갖는다면 이 아픔도 조금은 가벼워질 수 있지 않을까 하는 생각이다. 혹독했던 6 · 25전쟁 때 나라 위해 목숨 바친 분들을 생각나게 하는 6월, 잃은 것도 너무 많겠지만 그 속에서 얻은 인내의 정신을 되살려야 될 때가 아닐까.

길 옆 나뭇가지에는 나라 위해 몸 바친 혼백이기라도 한 양 흰나비들이 이 나무 저 나무 사이를 하얗게 날아다니고 있다.

'나라를 위해 몸 바친 분들이시여! 당신들이 전쟁을 인내로 버텼듯이 지금 닥쳐오는 모든 전쟁들을 슬기롭게 인내하며 살아가리다.'

오늘도 하루를 감사히 살았습니다

많은 생명을 앗아간 대구 지하철 사고 이후 나는 진동 소리나 소방차 사이렌 소리에도 눈을 크게 뜰 때가 많다. 그리고 대형 지하 주차장으로 들어갈 때는 금방 답답해지면서 차에 있는 손잡이부터 잡는다. 이런 것을 보며 대구 지하철 사고 유가족들과 직접 당한 사람들은 오죽했을까 싶다.

살아가는 것이 하루의 행운이었다고 할 정도로 위험한 세상을 건너가고 있기 때문이다. 후천성 장애인을 주위에서 많이 보면서 살아간다. 어릴 때 친구 동생은 오른손 손목이 절단되어 지금은 쉰이 넘은 후천성 장애인이 되어 있다. 아이들 놀림도 많이 받았었다.

그 시절 초등학교 운동회 날은 면민들이 축제 분위기에 들뜬다. 친구어머니도 초등학교에 다니는 큰아들, 등에 업은 작은아들과 운동회에 먼저 가서 자리를 잡기 위해 철로를 건너게 되었다. 등에 업은 작은아들을 먼저 건너 철길 밑에 내려두고 큰아들을 건네려고 자리를 비운 사이 작은아들이 엄마를 부르며 철로까지 기어올라 그나마 목숨은 건졌지만 손목을 잃었다. 잠깐의 실수로 평생 지울 수 없는 멍에가 되고 말았다. 지금은 하나 남은 손으로 트럭 운전을 한다고 하지만 얼마나 마음 아픈 일인지 모른다. 누구나 이런 후천성 장애인이 될 수 있는 무서운 세상이고 보면 하루를 무사히 살고 있다는 것은 행운이 아닐 수 없다.

나도 그 행운을 겪은 일이 있다. 울산에 사는 형네들이 집집마다 아이들을 업고 걸리고 해서 부산에 사는 시누이 집에 두 달에 한 번씩 형제 모임에 참석하기 위해 시외버스 터미널에 모여 직행버스로 출발했다. 하루 종일 시누이 집에서 놀다 해가 꼴깍 넘어가서야 울산의 형제들은 터미널에서 직행버스에 올랐다. 버스가 출발 하려고 하는데 화장실에 가신 큰아주버님이 보이지 않아서 형제들이 다시 버스에서 내려 모두 같이 다음 버스를 타고 얼마쯤 갔을 때였다. 차들이 정체되기 시작하여 밖을 내다보는 순간 놀라지 않을 수 없었다. 대형

교통사고였다. 주인 잃은 다리가 나뒹굴어 있는 것이 아닌가! 그것은 우리 형제들이 올라가서 내렸던 버스였다.

나는 집으로 돌아와 한참 동안 너무 아찔했던 그 장면이 지워지지 않아 잠을 제대로 이룰 수가 없었다. 그 버스를 타고 출발했다면 우리 많은 가족들은 어떻게 되었을까 생각하면 아찔하다.

그 날 대형사고에서 생긴 후천성 장애인이 지금도 눈물로 살아가고 있을지 모를 일이다. 이런 일들을 보며 정말 하루하루 아무 사고 없이 잘 살아있다는 것은 행운이라고 해야만 할까?

이런 날

비바람 불던 날이었지요.
길게 기다렸던 시내버스는요.
눈 깜빡할 사이 지나가 버리고요.
기다린 것 아까워서 다시 힐끔거릴 때였지요.
좌석버스를 보고 손을 들었지요.
천 원 지폐 없어 가방 속 손목까지 다 집어넣었지요.
동전이 조용한 차 속에서요.
쫘르르 톡 톡톡 쫘르르 톡 톡 톡하는데요.
나보다 동전 열두 개가 더 놀랐겠지요.

재래식 시장에 내렸지요.
노르스름한 미꾸라지 샀지요.
배추도 사고 부추도 샀지요.
우산은 펴들었지요.
손가방까지 들었지요.
시장 통은 비좁지요.
채소장수 할머니 퉁퉁 불은 손은 보았지요.
또 채소를 샀지요.
먼저 오는 버스에 올랐지요.
미꾸라지 봉지에서 쫄쫄 빠져 나오는 물은요.
나를 힘 빠지게 했지요.

우리를 슬프게 하는 것들

열린 베란다 문으로 후덥지근한 바람이 집안 깊숙이 들어오는 한낮, 초등학교 친구들 모임이 있어 울산 시가지가 한눈에 내려다보이는 빌딩으로 갔다. 저녁을 먹고 몇몇 친구들이 먼저 집으로 간다고 해서 나도 그곳을 나왔다.

우리 집 방향으로 가는 친구의 승용차를 타고 얼마 지나지 않아 빗방울이 후두기고 있었다. 비를 받쳐 줄 우산이 없어서 나는 은근히 친구 승용차가 우리 집 문 앞까지 데려다주길 바라던 중에 핸들 방향은 우리 집 쪽으로 돌려놓고 있었다. 그리고 길게 신호를 받고 있을 때 갑자기 우리가 타고 있는 승용차가 크게 흔들리면서 꽝하는 소리와 함께 내 몸이 움찔하며 오른쪽 어깨 목덜미 머리까지 잠깐 전기에 감전이 되는 찌릿한 느낌이 스쳐갔다.

그 순간 안전벨트를 매지 않았다면 크게 다치지 않았을까. 안전벨트는 생명벨트라고 했듯이 사람은 크게 다친 데 없으니 불행 중 다행이라 생각하면서 앉아 있었다. 내렸다가 돌아온 친구는 다친 승용차 부위를 확인하고 승용차에 앉으며 하는 말, 사고 낸 사람이 회사에 같이 근무하던 후배라고 했다. 우리는 큰길에서 벗어나 두 대의 차를 세웠다.

그런데, 상대방 승용차 문을 여는 순간 나는 놀라지 않을 수 없었다. 실눈에 기어들어가는 목소리로 '미안하다'는 말을 거듭하면서 승용차에서 내리지도 못할 정도였다. 술에 취한 모습을 보니 너무 화가 나서 고함을 치면서도 이 일을 어떻게 해결해야 할지 전혀 판단이 서지 않았다. 우리 집 방향으로 오다가 당한 사고인지라 오히려 친구에게 미안하다는 마음이 들었다. 아프다는 말은 더 더욱 할 수 없는 입장이었다.

친구는 그 자리에서 가고, 우리 아파트에 사는 사람이라고 승용차를 그 자리에 세워두고 집으로 돌아가는 줄 알았다. 그런데 또다시 차를 몰고 내 앞을 지나가는 것이었다.

순간 나는 승용차 번호를 머릿속에 입력했다. 아파트 관리실에 동 호수를 알아서 가족에게 알리기 위해 전화를 걸었더니 그 승용차는 관리실에도 입력되어 있지 않았다.

친구에게 승용차 열쇠를 받아 보관하게 할 걸 하는 꺼림칙한 생각이 자꾸 들었다. 음주운전 사고는 패가망신으로 이어진다. 보다 더 잔인하게 말한다면 예비살인자라 명명하고 싶다.

또 음주운전의 뒤늦은 후회는 아무도 동정하지 않는다. 후덥지근한 바람과 음주사고는 나를 슬프게 했다.

갱년기 여자 셋

친구 매실아!

입춘이 지나고 개구리잠을 깬다는 경칩도 지났건만, 이곳 날씨는 함박눈이 펑펑 내리기도 한단다. 갱년기에서 빨리 벗어나길 바라는 마음 간절하구나!

얼마 전 햇살이 우리 집 마루 깊숙이 들어와 등을 따뜻하게 데우는 날이었다. 갱년기를 맞는 여자 셋이 맑은 공기도 마시며 봄 쑥을 캐러 가자는 약속을 한 날이다. 설레는 마음으로 아침 일찍 남편하고 목욕탕부터 갔단다.

다른 날보다 서둘러 목욕을 끝내고 탕 앞에서 만나기로 약속했지. 그런데 남편이 나를 기다리지 않게끔 약속한 시간보다 넉넉하게 나와 기다리고 있었단다. 차가운 바람이 따뜻하게 씻은 몸을 자꾸만 차갑게 하는데 남편은 목욕탕에서 나오지 않는 거야. 집이 가까우면 혼자서 집으로 가 버리겠지만, 승용차로 가기 위해서는 그럴 수도 없는 처지라 처음에는 5분만, 그 다음 10분만 기다리면 나오겠지 하다 30분이 넘게 지나게 된 거야.

다 마르지 않은 머리카락이 추운 바람에 뻣뻣해 오고 아침밥 생각까지 날 때 남편이 잠에서 갓 깨어난 얼굴로 목욕탕 밖으로 나오면서 미안한 표정으로 남탕에 방송을 좀 해달라고 할 거 아니냐고 했지. 나는 찜질방에서 잠이 들어 못 나오는 줄 알았다고 푹 자고 나오라고 일부러 기다리고 있었다는 말이 자연스레 튀어나왔단다.

그러니까 남편 기분 좋아 보이더라. 오는 말이 고와야 가는 말이 곱다는 말 거꾸로 읽으나 바로 읽으나 정말 좋은 말 같지 않니?

갱년기를 맞고 보니 부정적인 생각 긍정적인 생각들을 구분하기 힘들 때가 많단다.

친구 매실아! 나 잘했지? 기분 좋은 약속 때문에 남편에게 좋은 말이 나왔지 않았나 싶다. 오늘은 날씨 때문인지 두꺼운 옷이 생각난다. 얼마 전만 해도 두꺼운 옷을 슬금슬금 깊은 장롱 속으로 감추려 했는데 오늘 그만 추운 날씨 때문에 다시 꺼내 입고 말았네. 약속 장소로 가면서 날씨 핑계로 택시를 타고 보니 우리 동기 성태 택시더라. 그 친구 덕분에 약속시간 안에 넉넉하게 도착해서 여자 셋이 쑥 캐는 장소로 가는데 눈발이 흩날려 몸을 움츠리게 하는 거야. 쑥 캐는 것도 포기하고 야외 음식집으로 들어서니 질박한 창호지 문들이 우리를 맞아 주더구나. 난로 속 장작불 타는 소리, 큰 주전자 안에서 나오는 구수한 숭늉 끓는 냄새, 따끈한 온돌방에서 가마솥에 갓 지은 밥 막 퍼내고 난 누룽지 숭늉, 정말 고향 그립게 하더라. 그리고 향긋한 달래 냄새 나는 된장맛, 또한 갱년기를 맞이하는 세 여자를 유혹하고도 남음이 있었다.

따뜻한 차를 마시고 나와 영화관으로 들어가려는데, 2월도 아닌 3월에 함박눈이 엄청 휘날리고 있었다. 미련 없이 영화 관람 하고 나와 보니 별천지처럼 보이더구나.

그날 여자 셋 모두가 엔돌핀이 많이 생성된 것 같더라.

친구 매실아! 언제 우리 자리 한번 만들어 웃어 보자꾸나. 그리고 우리 모두 갱년기 잘 보냈으면 좋겠다.

가는 세월

효성에서 30년 동안 생사고락을 같이 해 오신 분들이 20년 근속 해외여행을 다녀온 뒤부터 매달 한 번씩 부부동반 모임을 열고 있다.

올해로 10년째, 해가 갈수록 모임은 전원 참석이다. 아무래도 자주 보고 대화를 나누다 보니 남편의 직장 일에서부터 주부의 마음까지도 서로 주고받으며 의논할 수 있는 분위기가 좋다. 자식 출가시킨 분들의 경험담을 들어보는 유익한 자리임에는 틀림이 없다. 이 모임에서 작년에 퇴직하신 분이 며칠 전 식당을 개업했다. 나는 식당을 경영해 본 경험이 있어 얼마나 힘이 든다는 것을 안다. 다른 일과 다르게 여러 사람들의 입맛을 맞추어 낸다는 것은 직접 경험하지 않고 대답하기 어려운 일이다. 그래서인지 몸이 약해보이는 부부를 보면서 더욱 힘내라고 말해주고 싶었다. 그리고 연말송년회 겸 모임을 그곳에서 열면서 이야기를 나누다 보니 며칠 남지 않은 올 연말 정년퇴직하시는 분의 부인께서 마지막 월급 명세서를 손에 들고 보니 갑자기 눈시울이 뜨거워지더란다. 남편이 이때까지 가져다 준 돈이 얼마나 값진 돈인가 하는 것을 새삼 느꼈다면서 회원님들께 아쉬움이 가득 담긴 목소리로 들려주었다. 맞벌이할 때는 잘 느끼지 못했다면서 아직 남은 직장 생활 더욱 값지고 소중하게 보내라는 뜻을 전한다. 정말 남의 일 같지 않다.

사람은 한 번 나고 한 번 돌아가듯이 한 번은 겪어야 하는 일인 것, 조금 빠르고 조금 늦을 뿐이다. 그동안 자식 낳아 대학 보내고 어려운 대소사 맡아 오신 회원, 가난했던 세월 경험하셨던 회원, 만나고 강산이 훌쩍 바뀌고 보니 희끗희끗한 머리카락 더 보이고 병원문 자주 드나들어야 하는 횟수 많아지니 벌써 정년이 코앞에 기다리고 있다.

그날 회원님들 서로의 마음 아는 듯이 상추를 손바닥 가득 눌러 펴고 불고기 한줌에 매운 땡고추며 마늘을 얹어 숯불 연기와 같이 눈물을 보였다. 자기 맡은 일 끝나는 날까지 열심히 노력하면서 살아야 하겠다는 생각 더욱 간절한 시간이었다.

회원님들 컵에 술 한잔 가득 채우고 "건강을 위하여" 건배했다. 그리고 가까운 노래방에 가서 야간근무 나가시는 회원님들 시간에 맞추어 노래를 불렀다. 신발을 벗어들고 땅을 치며 "청춘을 돌려다오. 젊음을 다오."를 소리쳐 불러보는 회원들의 눈가에는 아쉬움과 웃음이 교차했다. 힘이 센 사람도 억만장자 그 누구도 잡을 수 없는 것이 가는 세월이라고 하지 않았나!

다시는 올 수 없는 세월을 아쉬워하면서 집으로 돌아오니, 우리 집 마루 벽에 2001년 달랑 한 장 남은 달력이 나를 기다리고 있었다.

사람이 꽃보다 아름다워

엘리베이트 안에 우리 집 층 번호를 눌러놓고 옆을 보니 얼마 전에 이사 온 아이가 엄마 손을 잡고 서 있다. 불이 켜져 있는 우리 집 층 번호를 가리키며 "이거 누가 눌렀어?" 하고 나를 빤히 쳐다본다. 내 가슴 쪽으로 손가락을 가리키며 "이 할머니가 눌렀지." 한다. "아이 구! 참 예쁘네!" 했더니 아이는 묻지도 않은 말이지만 똑똑하게도 "할머니! 은지 놀이방에 다니는데 너무 재미있어요." 내일 또 간다면서 재잘거리고 있는데, 아이 엄마는 나를 쳐다보더니 아이에게 "할머니라 부르기에는 너무 젊으시다. 그렇지?" 하는 것이었다. 아이에게 하는 말이 나에게 하는 말 같아서 기분이 나쁘진 않았다.

나이를 먹는 것은 어쩔 수 없는 현상인데도, 세상에 태어나 처음으로 할머니라는 말을 들었을 때의 감정을 표현하자면 남에게 추하게 보이는 것 같기도 하고 왠지 무시당하는 기분이 들기도 했다.

처음 그런 감정에 빠졌던 것은 몇 해 전 초등학교 담장 밑을 혼자 걷고 있을 때의 일이었다.

축구공이 학교 운동장에서 담장 너머로 날아와서 내 앞에 툭 떨어지는 것이었다. 학생들이 우르르 담장 밑에 붙어 서서 고개를 내밀며 나에게 하는 말이 "할머니! 공 던져주세요."하고 소리를 질러대는 것이었다. 나는 공을 힘껏 운동장 안으로 던진 후에 갑자기 바람 빠진 풍선처럼 어깨에 힘이 쭉 빠지는 느낌이 들었다.

초등학생들의 눈으로 보는 나는 벌써 할머니구나! 아이들의 정확한 눈을 탓할 순 없는 일이지만, 그 순간 착각 속에서 허우적거리고 있는 나 자신이 미워지는 것이었다. 그 이후로 내 눈에 할머니로 보이는 분이라도 할머니라는 호칭을 뚝 떼어버리고 아줌마라고 부르는 버릇이 생겨버렸다. 그러나 이제는 쉽게 나 자신이 할머니라고 먼저 대답할 수 있는 용기가 생겼다.

옛날 부모님들은 손주를 인꽃으로 비유하면서 이 세상에 아무리 예쁜 꽃이 있다고 한들 인꽃에 비길 수 있겠느냐고 하시던 그 인꽃이 나에게도 피어났기 때문에 이제는 쉽게 할머니라 말할 수 있다. 인꽃을 만나고 오던 날 달리는 버스에서 보니 하늘에 떠 있는 보름달이 인꽃을 닮아 있고, 설거지를 하다 예쁜 그릇을 보고 또 착각에 빠지기도 했다.

말 못 하는 인꽃을 안고 할머니라고 불러보라며 나 혼자 중얼거리기도 하고 혹여 옹알이를 하다 방긋 웃으면 할머니를 알아보는가 싶은 착각에도 빠지게 된다. 이제 갓 옹알이하는 어린 인꽃과 이야기를 나눈다는 착각에 빠진다는 것을 보면 나도 이젠 할머니임에 틀림이 없는 사실이다. 이제 난 그 인꽃에게 도리어 할머니라는 말을 자꾸자꾸 듣고 싶어진다.

햇살이 맑아 봄이다

햇살이 맑다. 창문턱에 이불을 말리다 가깝게 들려오는 새소리에 평수도 짐작되지 않는 마음의 정원 산봉우리를 바라보니 훈훈한 바람이 몰려온다. 아파트 마당 목련나무에는 소녀의 가슴마냥 봉오리들이 부풀어 있고, 겨울 내내 밭에서 지낸 겨울 초는 제법 푸릇푸릇하다.

오늘처럼 따뜻한 날이 계속된다면 봄나물들도 물씬물씬 올라오겠다.

나는 베란다에 있는 화분에서 이른 봄내음을 맡으려고 분갈이 할 거름을 사러 화원에 들어섰다. 봄 향기가 물씬하다.

요즈음 화학거름은 냄새가 나지 않아 집안에서 식물을 키울 수 있을 뿐 아니라 계절에 구분 없이 꽃을 볼 수 있어 좋지만 꽃 향이 진하지 않은 것이 아쉽긴 하다. 우리 집 화분에 일 년 내 피어 있는 바이올렛은 논 밭둑에 앙증스럽게 피어 있는 제비꽃을 닮아 애착이 간다. 그 옆 화분 가득 화-한 향 박하 잎은 옛집 담장 밑에 봄이 오면 어김없이 돋아나 식구들 배가 아플 때 즙을 한 두어 방울 먹으면 아픔을 잠재워 주곤 했던 잎이다. 화원에서 집으로 가져와 사계절 베란다 화분에서 키우고 있다. 분갈이 거름을 하고 상추도 심었다. 요즈음 시장에 가면 봄나물들이 계절 감각을 둔하게 만든다. 어제께는 하우스에서 자란 산나물이랑 냉이 돌나물을 사왔다.

제철 나물에 비해 맛과 향은 좀 못하지만, 나는 농촌에서 자라 자주 먹었던 음식이라 그런지 제철에 상관없이 자주 상위에 올린다. 어릴 때 친구들과 같이 나물을 뜯어 오면 우리 어머니는 소오 다를 조금 넣어 삶아내셨다. 빛깔이 곱고 맛이 일품이었다.

나의 옛집은 병풍을 둘러놓은 것 같은 산이 에워싸고 있어, 등 너머 동네 사람들도 봄이 오면 나물 캐러 넘어 오기도 할 만큼 나물들이 지천으로 자라는 곳이다. 그 산에서 어느 날 친구들과 바위 옆에 수북하게 올라온 고사리와 나물을 서로 많이 차지하기 위해 정신없이 나물을 캐는데, 갑자기 바위 밑에서 뱀이 불쑥 나오는 게 아닌가. 너무 놀란 나는 그 이후 나물은 절대로 캐지 않았다.

결혼하고 처음으로 더덕 밭을 알고 있다는 친구들과 나물도 캘 겸 도시락을 준비해 차를 타고 가다 내려 어느 동네 야산으로 들어섰다. 앞서 가는 친구들은 파릇하게 올라오는 산초 잎을 따고 있었지만 나는 나 자신이 밟는 낙엽소리에도 혹시 뱀이 나올까 싶어 머리카락이 곤두서곤 해 허리를 굽힐 수가 없었다. 작은 소리에도 깜짝 깜짝 놀라면서 살펴보고 있을 때였다. 산 위로 앞서 가는 친구의 발자국소리에 놀란 뱀은 낙엽 위로 날아가듯이 내 앞을 가로 질러가는 것이었다. 한 걸음도 걸을 수 없을 지경이었다. 고함치는 나에게 친구들은 덩치 값을 하라고 야단이었다. 어쩔 수 없어 나 혼자 길목으로 내려와 쑥을 조금 캐 왔지만 그 후 풀이 우거진 곳에는 절대로 가지 않는다.

대신 화분에서 채소와 꽃을 키우며 올해도 봄이 오는 소리를 듣고 있다.

감사의 웃음 한 바구니 보내고 싶다

우리 집 벽에 걸려 있는 달력을 넘기다 보면 식구들 생일에서부터 대소사가 동그라미로 꽉 차 있다. 동그라미가 많아서인지 몰라도 남편은 나의 생일을 기억 못 해 줄 때가 많다.

친구 중에서는 남편이 자신의 생일을 잊어버리고 넘어가면 며칠 동안 말도 하기 싫어진다고 했다. 나는 식구들 생일을 달력에 표시를 해 두고도 지나칠까 봐 생일 전 먼저 말을 해 버린다. 서로 모르고 서운해 하는 것보다 미리 알려주면 기분 상하지 않는다는 의미에서다.

요즘 머릿속에 입력해야 할 숫자들이 얼마나 많은가. 전화

번호에서 휴대폰까지, 그리고 차번호, 아파트에 찾아갈 때 동 수에서 호수까지, 모두가 숫자이고 보니 머릿속이 복잡하지 않을 수가 없다. 잊어버리는 것이 많다 보니 우리 부부는 가끔 실수를 하기도 한다.

그런데 남편은 올해는 생일을 며칠 전부터 기억해 주었다. 그리고 생일날 남편과 아침 일찍 남해 보리암에 다녀오기로 하고 집을 나섰다. 가는 도중 온천욕을 하고 미역국과 찰밥은 아니지만 얼큰한 두부찌개로 아침을 먹었다. 남해로 달리는 길은 우리 둘만을 위해 만든 길처럼 정겨워보였다.

한참을 달려 휴게소에 들어서니 화분에 잘 진열된 각색 국화꽃들이 피어나 생일을 아는 듯이 우리를 반겨 주었다. 꽃을 보니 생일이면 꼭 받아 보는 꽃바구니 생각이 났다.

남편에게 꽃 선물은 한 번도 받아 본 적이 없지만 내 생일날이면 해마다 꽃바구니를 보내온다. 남편회사 '선우회'라는 모임에서 남편들의 생일을 제쳐두고 아내들의 생일에 꽃바구니를 꼬박꼬박 챙겨주는 것이 어언 강산이 한 번쯤은 바뀐 것 같다. 처음에는 이번이 마지막이겠지 생각을 해 왔으나, 지금까지 생일날이면 한 번도 잊지 않고 꽃바구니가 배달되어 온다.

올해는 새벽에 집을 비웠기 때문에 받지 못했다. 그 다음날이라도 꽃집에 가서 마음에 드는 것을 가져가라는 전화를 받고 남편과 같이 마음에 쏙 드는 화분의 잘 자란 선인장을 받았다. 물을 자주 주지 않아도 물기가 많아서 건망증이 있는 나하고 잘 어울릴 것 같은 생각에 들여놓고 보니 집안이 훤하다. 나는 남편에게 받은 것처럼 너무 고맙고 감격스러웠다. 아내에게 감동을 보내는 선우회 회원들께 올해도 감사의 웃음 한 바구니 보내고 싶다.

강아지 알리

도심을 벗어나고 싶어지면 버스를 타고 언양 석남사에 간다. 쌀쌀했던 날씨가 풀리면서 물소리가 청명하게 들리던 날, 주차장에서 버스를 기다리다가 시간이 남아 가까운 식당에 들어갔다.

난롯불 위에 끓고 있는 어묵 꼬지를 들고 막 먹으려는 순간 귀를 쫑긋 세운 까만 강아지 한 마리가 동그란 눈을 뜨고 쳐다보는 것이 아닌가. 한쪽을 잘라 주었더니 낚아채듯이 구석진 곳으로 물고 가서 먹고는 또 올려다보며 입맛을 다셨다. 이번에는 어묵 한 꼬지를 다 주었더니 먹고 나온 강아지는 이젠 배가 부른 건지 고개를 돌리곤 옆에 앉아 졸고 있다.

버스를 타려고 나오는 내 뒤를 따라 나와 출발하려고 붕붕 거리는 버스 속에 앉은 나를 물끄러미 바라보고 있었다. 다시 오마 눈인사를 나누고 돌아오는 길에 음식점 주인이라는 호칭을 달고 일을 할 때 나와 같이 살았던 '알리'라는 강아지가 떠올랐다.

어느 날 갑자기 시작하게 된 음식점은 모든 일이 서툴기만 했고, 피곤과 무서움으로 너무도 힘에 겨웠다. 남편이 야근을 나가고 없는 날 넓은 집에는 밤이면 나 혼자 남았다.

아무리 무더운 여름날도 창문을 열어놓고 잠을 잔다는 것은 생각조차 할 수 없었고, 화장실 해결도 방 안에서 할 수밖에 없었다. 집 뒤 대나무 밭에서는 나무들이 부대끼는 칼 가는 듯한 괴이쩍은 소리와 들고양이 울음소리, 쥐들의 아우성이 들려왔다. 처음 내 손으로 닭을 잡아 내장 속에서 손이 움직이고 있었던 그날 밤, 나는 닭의 환상에서 벗어날 수가 없어 쉽게 잠을 이룰 수가 없었다. 우리 집에 드나들던 옆집 할머니마저 집 앞 횡단보도를 건너다 자동차 사고로 돌아가시고 보니 무서움이 더했다.

친구가 키우던, 털이 복슬복슬한 '알리'라고 부르는 강아지를 기르면 무서움이 조금 괜찮아질 거라며 데려다 주었다. 뱀이 마당에 나타나도 건강한 알리가 짖어대면 겁을 먹고 도망을 가 버렸고, 마리수가 줄어들던 닭과 오리도 무사하게 되었다.

내 표정만 보아도 금세 알아차리고 행동하는 알리에게 나는 낮에 속상한 일을 얘기해 버리고 나면 마음이 편안해지곤 했다. 동그란 눈을 껌뻑거리면서 내 눈을 바라보던 알리가 어느 때는 내가 얘기를 하다 웃어 버리면 꼬리를 힘껏 흔들다 땅에 벌렁 누워 몇 바퀴씩 구르면서 기쁨을 표현하는 것이었다. 말 못하는 강아지 알리에게서 차츰 무서움으로부터 벗어나는 방법을 배우게 되었다. 그 후 우리는 아파트로 이사를 했고, 밤에는 알리에게 그 집을 맡기고 퇴근을 하였다.

그러던 무더운 여름날이었다. 아침에 집에 들어서면 좋아라 마중 나와 주던 알리가 매를 맞고 피를 흘린 채 죽어 있었다. 집을 지키려고 발버둥치다 죽어가면서 얼마나 주인을 찾았을까 생각하니 울음이 터져 나왔다. 말 못하는 짐승이지만 나에게 많은 것을 주고 간 강아지 알리! 그 집 앞을 지나면 그 때 일이 생각나곤 한다.

여정

창문 덜컹대는 소리에 잠을 설쳤다. 초저녁부터 내리기 시작한 비가 가을비답지 않게 이튿날까지 쏟아지고 있었다. 한참 동안 창문을 열고 서서 가끔씩 얼굴에 스치는 찬비를 맞으며 언제쯤 멈출까 내려다보고 있었다. 이 비가 지나고 나면 나뭇잎들은 질퍼득 땅 위에 주저앉을 것 같다. 바람보다 빗줄기가 약해진 걸 보고서야 머리끝까지 이불깃을 당겨 덮어쓰고 잠을 청해 보지만 쉽게 잠이 오지 않았다.

이튿날 아침, 비는 그치고 바람에 떨어진 낙엽 몇 잎 나무 위를 오르다 쓰러진다. 이 나뭇잎들이 모두 지기 전에 남편과 둘이서 여행을 떠나기로 하고, 집에 있는 과일들을 챙겨서 두근거리는 마음 달래며 고속도로를 달리다 보니 주왕산 이정표가 가깝게 보였다.

주왕산 주차장으로 들어서니 많은 차들과 사람들이 들어서고 있었다.

주왕산 등산길로 접어들어 가면서 떨어진 낙엽들을 가방 한쪽에다 채웠다. 앨범 속에 넣어두고 황혼이 우리를 에워쌀 때쯤 꺼내 보리라 생각하면서 남편과 바위에 걸터앉아 쉬고 있었다. 곳곳에 피어있는 억새풀이 이미 백발이 되어 길 가는 사람들을 흐느적거리며 쳐다보고 있었다.

휠체어에 몸을 맡긴 할머니를 할아버지가 뒤를 돌아보며 내려오신다. 그 뒤로 억새풀 같은 머리를 휘날리며 지팡이도 짚지 않은 노인 두 분은 웃음을 가득 머금고 빠른 걸음으로 오르신다. 남편은 부러운 눈으로 그 노인을 다시 돌아보고 있었다.

나는 그 노인들을 보면서 친정 백부님과 백모님을 떠올렸다. 의좋게 사시던 두 분, 몇 년 전 백부님이 귀가 밝지 않은 백모님을 남겨두고 돌아가셨다. 아들을 두지 못했던 백모님은 꼬부랑 지팡이 같은 허리를 칠순이 된 당신의 딸 손목에 의지하면서 집안 잔치에 오셨다.

치매로 세상사를 잊고 계시는 백모님은 밤낮을 구별 못하시기에 같이 동행하셨다고 한다. 낮잠이라도 주무시다 일어나면 베개를 자식 마냥 품에 안고 대문 밖으로 나가신다고 했다. 정신없이 걷는 걸음이 너무 빨라서 전화번호와 주소를 적어 등에 붙여드린다고 한다.

백모님은 당신 시어머님 치매 시중을 오래도록 하시던 분이시다. 동네 공동 우물을 길어 와서 당신 시어머님 대소변을 닦아 내셨는데 이제는 당신이 그 병에 시달리고 계신다.

세월은 그 자리에 머물지 않고 아픔을 주고 떠나 버린다는 것을 안다. 저 떨어지는 낙엽도 한때는 젊은 푸른빛이었지만, 황혼에는 아낌없이 아름다운 색깔들로 즐거움을 주고 간다.

내려오는 길, 나는 남편 손을 꼭 잡아 보았다. 따뜻한 체온이 살갗을 타고 전해 왔다. 남편은 힐끔 나를 마주보며 웃었다.

다리 밑으로 흐르는 물 위에 가을을 간직한 채 단풍잎 몇 잎 떠내려가고 있었다.

산사를 찾아서

가끔 일상의 단조로움을 느낄 때면 나는 산사를 찾는다. 대부분의 절은 산을 끼고 있어 계절의 변화에 젖기도 하고, 또한 조용하면서도 마음이 아늑해지기 때문인지도 모른다. 그래서인지 마음이 자주 머무는 곳이다.

스님들은 기도를 많이 하라고 가르쳐 주신다. 그러나 쉬운 것 같으면서도 어려운 일이다. 나는 하루도 그냥 지나치지 않고 마음의 기도를 올리게 된 동기가 있다.

지난날 식당을 열었던 때였다. 남편이 야간 근무 나가면 넓은 가게에서 혼자 자다 보니 너무 무서워 아무리 피곤해도 쉽게 잠을 이루지 못해서 온갖 방법을 다 동원해 보기도 했다. 도둑이 들어오면 주어 버리고 말 것이라는 생각에 가방은 머리맡에 돈을 조금 넣어두고 잠을 자야 했고, 다른 가방 하나는 집안 깊숙한 나만의 비밀장소에 두었다는 생각을 하면서도 무서움에서 벗어날 수가 없었다.

이런 방법이라도 찾지 않으면 그 집에서 살지 못할 것만 같은 불안이 찾아올 때는 정말 미칠 것만 같았다. 그렇다고 집을 버리고 갈 수도 없었고, 몸은 피곤하지만 잠은 쉽게 오지 않아 밤을 하얗게 지새운 적도 한두 번이 아니었다. 한밤중에 쓰다 남은 노트를 찾아 '관세음보살'이라는 다섯 글자를 108번을 쓰기 시작했다.

어느 날에는 108번을 다 쓰기 전에 잠이 쏟아져 머리가 노트에 몇 번씩이나 처박혀도 그 순간만큼은 추운 칼바람소리도 귀에서 멀어지고 조금씩 무서움에서 벗어나기 시작하면서 마음의 안정을 찾을 수 있었다.

친구가 키우라고 준 강아지 알리와 관세음보살 108번은 나에게 신경 안정제 역할을 했다.

그 후 강산이 변하는 동안 한 번도 거르는 일없이 관세음보살 108번을 노트에 쓰면서 기도를 하고 잠자리에 든다. 그리고 집안에 좋은 일이 있을 때는 마음의 기도 덕분이라 생각하고, 나쁜 일이 있을 때는 용서해 달라는 마음가짐으로 본다. 마음의 위로를 받고자 기도하는 심정으로 내 생이 다하는 날까지 나는 쓸 것이다. 그리고 불교 교육을 받으면서 마음 비우는 법을 조금씩 익혀 가리라.

4
작업복에 꽂힌 볼펜 한 자루

작은 일에서 느끼는 행복

다리 관절염으로 어머님이 경로당 어르신 네 분과 같은 병실에 입원하였다.

푹푹 찌는 바깥 날씨 때문에 처음 들어선 병실 안 에어컨 바람이 할머니 기분을 상쾌하게 해 주었다. 어머님은 여름 바캉스 왔다 생각하고 아픈 곳을 고쳐서 가신다고 했다. 할머님 네 분께서도 덩달아 하소연을 하신다. 운동 부족 탓도 있지만 식욕이 무척 좋으신 데다 체중 또한 만만치 않은 몸을, 기계라면 80년 넘도록 사용했으니 고장이 나는 것도 무리는 아니리라.

할머님들의 대화 속에는 부정적인 생각과 많은 욕심들이 병실 안에 자꾸만 쌓여가고 있다는 것을 느끼면서, 문득 헬렌 부부가 쓴 글이 떠올랐다.

"작은 일에 행복을 느낄 수 있다면 어떤 병이나 고난과 슬픔이 닥치더라도 나날의 삶을 넘어 오래 살 수 있다. 죽음이 나를 데려 가는 순간이 돼서야 죽음과 맞서 싸우는 것은 바람직하지 못하다."

헬렌의 남편은 100세 되던 해에 서서히 음식을 끊음으로써 평온하게 그리고 의식을 지닌 채 죽음 속으로 발을 내디뎠다고 한다. 그리고 이렇게 적었다. "그러나 어떻게 늙어야 하는지를 아는 사람은 거의 없다."라고.

나는 올 여름 내내 집안에 선풍기를 켜지 않았다. 그렇다고 에어컨이 있는 것도 아니지만 나만의 여름 나기를 하고 있는 셈이다. 일부러 집안을 돌아다니며 일을 만들어 하다 보면 집안이 복잡하지 않아 더위가 조금 가시는 기분도 들지만, 땀을 더 많이 몸 밖으로 내보내기 위해서다. 한참 땀을 흘리다 보면 어지간한 더위는 잘 참아진다. 그런 탓일까, 나는 병원 에어컨 바람이 달갑지가 않아서 할머님들 물리치료 받는 사이 밖으로 나와 햇빛을 받으니 등이 따뜻해지는 느낌이 들었다.

에어컨 바람은 관절염에 좋지 않을 것 같지만, 시원하다고 좋아하시는 할머님들에게는 어떤 말도 소용없을 것 같았다.

한참 지나 할머님들의 "춥다!" "덥다!" 에어컨 쟁탈전이 벌어지면서 두 팀으로 나뉘어졌다. 결국엔 덥다 팀이 승리하셨다.

4일째 되던 날, 어머님은 작년처럼 우리 부부 몰래 퇴원을 하셨다. 미안하다고 하시며…….

"내가 빨리 죽어야 하는데…" 하신다. 몇 해 전에도 이런 말씀을 듣고 내 나름대로, 점쟁이가 어머님이 오래 사셔야 자식들이 좋다고 하니 어머님이 오래 사셔야 한다고 말씀드렸다. 어머님께서는 "아이구!" 나도 물어보니 똑같은 말을 하더라 하시며 그때부터는 빨리 돌아가시겠다는 말은 한 번도 하신 적이 없다. 점쟁이 근처에도 다녀오지 않았지만 그 말로 몇 년 동안 입막음을 했는데 이제 약효가 떨어진 모양이다. 다시 약 처방을 해드릴까 보다.

청명, 한식의 햇볕이 절을 올리는 자식들 등 위에 내려

쓰던 부지깽이도 흙에 꽂아두면 살아난다는 한식날, 몇 가지 음식과 산소 옆에 심을 나무를 준비해서 형제들과 아버지 산소를 향해 올랐다.

도랑 가 버들개지는 한겨울 추운 눈 속에서 피어올라 왔는지 나이 먹은 버들개지가 되어 있었지만, 흐르는 물은 아기 얼굴처럼 맑아 그냥 지나치기 서운해 손을 씻었다. 산 위를 올려다보니 아버지 생전에 이 길을 지나시며 잘 익은 산딸기 따 주셨던 그 나뭇잎들이 추운 겨울날을 죽은 듯이 숨어 지내다 계절을 잊지 않고 싹을 뾰죽 내밀며 우리를 맞아준다.

대순처럼 사람도 한 번 가면 일 년에 한 번이라도 만나는 날이 있다면 얼마나 좋을까 싶다.

일찍 자리하고 계시는 문중 어르신을 위해 피어 있는 것 같은 진달래꽃은 지난해보다 더욱 더 흐드러져 있다.

문중 산 첫머리에는 예순을 못 넘기고 그곳에 자리잡고 계시는 종숙모님 산소가 있다. 나는 "숙모님, 이제 편안하신가요?" 말을 건네 보았지만 새소리와 빛바랜 조화 몇 송이만이 답을 할 뿐이다.

그곳을 지나 조금 오르다 보면 봉분은 없고 비석만 세워진 집안 할아버지 산소에 이른다. 그 산소는 찾아주는 이 없이 아름드리 소나무에서 누런 솔잎들만 떨어져 있다. 오랜 세월 잊지 않고 우리 형제들은 아버지 산소를 찾을 때마다 찾아뵙는다.

산소 가에 해마다 심은 철쭉이며 목련나무 새순들도 낮은 곳은 산짐승들이 따 먹었는지 올라온 흔적만 남아 있지만, 훗날 이 나무들도 나이테를 남겨놓을 것이라 생각해 보았다.

우리는 올해도 나무를 심었다. 준비해 온 음식을 상석 위에 올리려다 맑디맑은 눈망울의 보랏빛 제비꽃을 보았다. 누가 꽂아 놓은 것처럼 아버지의 상석 바로 옆에 소복이 피어 있는 것이 인자하시던 아버지 얼굴이라도 보는 것 같아 코끝이 찡해 왔다. 우리에게 어려움이 있을 때 항상 푸근하게 다

딤돌 역할을 해 주셨던 아버지. 돌아가신 후 이렇게 음식을 차려놓고 보아도 아버지는 한 젓갈도 들고 가지 않으신다.

잔디가 푹신하게 잘 자란 산소에는 따뜻한 햇볕이 절을 올리는 자식들 등 위에 내렸다. 산소 아래 길게 뻗은 나무 사이를 오르내리던 다람쥐가 살금살금 산소 앞에 모여 있는 우리 가족의 이야기를 듣는 것 같았다. 나도 이 다람쥐들이 오고 가는 이곳이 낯설어 보이지 않는 것은 지금 살아 있기 때문이란 생각을 해 본다.

손바닥의 만 원

새벽하늘이 구름으로 가득 차 있었다. 90년 만의 가뭄이라고 아우성이지만 하늘은 아랑곳없었는데, 오늘 방송에서 울산이 오후에 80% 이상 비가 온다고 했다. 오랜만에 우산을 챙겨 나갔더니 단비가 우산을 펴게 해 주는 것이 아닌가! '와, 죽으라는 법은 없는갑다' 생각을 하면서 버스에 올랐다.

빈자리가 듬성듬성 있어서 기분 좋게 앉아 창밖에 내리는 비를 보며 한참 지나다 백미러에 비친 버스 기사분과 눈이 마주쳤다. 기사님은 "아줌마 차비 안 내능기요?" 차에 오르기 전에 준비하고 있었던 토큰 하나는 내 손 안에서 따뜻한 체온을 받고 있었다. 그제야 미안하기도 하고 부끄럽기도 해서 기사님을 쳐다보며 크게 웃고는 토큰을 넣고 보니, 오십대 중반의 그 기사님 환하게 미소를 보여 주었다.

나는 잠깐 세월 탓이겠지 생각하다 내가 갓 시집왔을 때의 어머님 생각을 해 보았다.

지금 내 나이셨던 어머님께서는 건망증이 심하셨다. 아버님께서 아끼던 라이터를 빨랫감 속에 넣어 그만 못쓰게 되었다. 어머님은 새댁인 저의 실수로 그렇게 되었다고 변명을 하라고 하셨다. 라이터를 새것으로 사다드리면서 용서 아닌 용서를 빌었다.

그뿐 아니었다. 어머님께서는 음식 태우시는 일이 잦아 젊은 나는 어머님이 왜 저러실까 싶기도 했다. 그리고 일이 서툴러 감당하기 불편해서 빨리빨리 세월이 흘러 나이가 많이 들면 모든 일에 익숙해지리라는 생각을 했는데, 잡을 수 없는 세월이 흘러 나도 그때 그 어머님을 닮아가고 있다.

요즈음 친구들 모임에 나가 보면 별난 건망증도 많다. 모임이 횟수가 많아질수록 분위기가 시끄럽고 목소리 또한 높아 상대방 이야기를 잘 듣지 못할 때가 많다. 순간 생각나는 이야기를 잊어버릴까 싶어 이야기 도중에 끼어들어 말을 해버리기도 하는 것을 보면 세월이 그 자리에 가만 두지 않을 것이란 조바심 때문일 것이다. 그리고 어머님께서 팔순이 다

되셨다.

어둠이 채 가시지 않은 날이었다. 잠에 취한 목소리로 전화를 받았더니 어머님의 밝은 목소리, "우리 목욕탕에 가는데 집에 오려면 점심 때쯤 오너라." 전화는 벌써 끊어져 있었다.

추운 겨울이었다. 어머님께서 몸살기가 있어 종합검진도 받으실 겸 입원을 하셨다. 어머님과 시트 위에서 얘기를 나누다 집으로 오기 위해 일어나려고 하는데 어머님 손바닥과 내 손바닥이 마주하면서 주시는 것은 꼭꼭 접은 만 원권 한 장이었다. 버스 타지 말고 편하게 택시 타고 가라시며 주신 택시비가 오늘 꼭꼭 접힌 채 지갑 속에서 나를 흐뭇하게 만든다. 이 차비가 건망증도 줄어들게 하리라 생각하면서 하루를 살아간다.

잘 자라준 아들아 고맙다

앞산 밤나무의 밤송이들이 벌어진 것을 다람쥐들이 내려다보고 있는 것을 보니 가을이 우리 곁에 성큼 다가왔구나. 옷과 이부자리를 옷장 속에서 바꾸어야겠다.

사랑하는 아들, 어제는 신발장 청소를 하다 너의 다섯 살 때 일이 생각나 나 혼자 웃었단다. 리본이 달린 너의 누나 빨간 신발이 예쁘다고 끌고 다니더니 너와 잘 놀아주던 앞집 친구가 어느 날 여자 신발이라고 놀리니까 너는 여자 신발이 아니라고 우기다 울고 들어왔지. 그 후부터는 누나가 신던 신발은 어느 것도 탐내지 않던 네가 이젠 너의 아빠 신발보다 더 큰 신발을 신은 대장부가 되었구나.

우유를 좋아했던 너는 매일매일 우유만 먹고 살았으면 좋겠다더니만, 중학교 입학해서는 우유 당번을 맡았지. 우유 신청은 하지 않고 먹어버리는 패거리 아이들에게 먹지 못하게 막으려다 고등학교 수능 닷새 앞둔 날 그 아이들에게 화장실로 끌려가 눈이 퍼렇게 되도록 맞고 와서 이 엄마 가슴을 아프게 했지.

시험 보는 날은 멍든 얼굴을 감추기 위해 화운데이숀을 바르고 시험장에 나갔던 생각을 하면 지금도 아찔하단다. 면접에 낙방될까 걱정도 많이 했지. 담임선생님은 그 아이들 퇴학당할 거라 하셨지만, 이 엄마는 그 아이들이 졸업장을 받지 못하고 평생 상처를 남길까 봐 선생님께 절대로 퇴학당하게 되면 안 된다고 부탁한 일은 지금 와서 생각해도 참 잘한 일 같다.

졸업하고 그 아이들 길에서 만났다고 했지. 그 때 그 일 미안하다고 했다지. 그래 참고 견디면 반드시 좋은 일이 온단다.

그리고 네가 아르바이트를 해 보겠다고 했을 때 세상에 태어나 처음 해 보는 일의 대가를 받는 일이라 신중히 생각하라고 했단다. 그래서 힘이 많이 드는 일을 선택하라고 했지. 처음 힘든 일을 겪고 나면 그보다 더 어려운 일은 잘 견딜 수 있으니 말이다. 일을 하는 동안 옷이 땀으로 흠뻑 젖어 오지 않는 날이 없었을 때 이 엄마는 네가 얼마 참지 못하고 포기할 줄 알았지. 그러나 그 고비를 잘 넘기고 열심히 일한 덕분으로 특별 수당까지 받아서 식구들 선물 사다 주었지. 같이 일하시는 부모님 같으신 분들의 고단함 조금이라도 덜어드리기 위해 일을 게으르게 할 수 없었다고 했을 때 정말 우리 아들이 대견스러웠단다.

그리고 장교의 길을 걷겠다며 사관학교에 원서를 내고 행여 불합격될까 아빠에게는 합격 통지 받는 날까지 비밀로 해 달랬지. 합격 소식에 너는 나를 껴안고 좋아라 소리까지 질렀다. 석 달의 훈련을 마치고 부모님 모시던 날 장교의 길을 만들어 가는 운동장에서 기계처럼 움직이는 생도들 속에 단단히 다져진 몸매와 자신과의 싸움을 이겨내고 당당하게 부모들 앞에서 '충성'했을 때 엄마는 너의 장한 모습에 눈물이 흘렀다.

살다 보면 어렵고 포기하고 싶은 일이 있을 거다. 그렇더라도 그 때의 초심으로 돌아가 보면 잘 참아 내리라 생각한다. 장교복을 입은 씩씩한 모습을 볼 때면 코를 훌쩍이던 꼬마 적이 엊그제 같은데 잘 자라주어 대견하고 고맙다.

네가 그랬지. 학교 다닐 때 지금같이 노력했다면 수석 자리는 틀림없었을 것이라고. 그래, 성공은 99%의 노력이라고 하지 않더냐. 다음 주에는 외박 나올 수 있다고 했지. 네가 좋아하는 우유와 바나나 사 놓을게. 그리고 아빠 엄마는 믿는다 아들을, 언제까지나…….

엄마가.

형님, 힘내세요

사랑하는 형님, 못난 올케 드립니다.

예년보다 일찍 핀 꽃잎들이 온 하늘을 뿌옇게 황사 바람 따라 흩날립니다.

앙상하던 동네 앞산 나무가 가지마다 하루가 다르게 푸른 옷을 입어 가고 있습니다.

병원 하얀 시트 위에서 방울방울 떨어지는 약물을 초점 없는 눈으로 바라보시던 형님!

작년 이맘때가 생각이 납니다. 형님과 제가 석남사 대웅전 앞에 앉았었지요.

그날 말입니다. 제가 그날 형님 마음속 기도소리를 다 들어 버렸다오. 스물아홉 살을 갓 넘기시던 그 해, 형님은 암으로 아주버님을 떠나보내시고 초등학교에 갓 입학한 연년생 조카 손잡고 친정으로 들어오셨지요.

정말이지 그 시절 형님은 고우시고 건강하셨습니다. 그리고 1년 후의 일이었지요. 큰조카 또한 물놀이 사고로 두 번의 창자가 끊어지는 이별을 맞았을 때, 마음속으로 삼키시던 눈물 저 기억하고 있습니다. 그 때 초등학생이던 작은조카를 일 년 전 부부 연 맺게 해 보금자리인 아파트까지 마련, 분가시켜 오순도순 살고 있지요.

그 파란의 세월 살아오신 형님의 기도를 제가 모르겠습니까. 이제는 형님 건강도 생각하셔야 할 때입니다. 우선 형님이 건강하셔야 같이 계시는 어머님과 조카 내외도 마음 편히 살아갈 것 아닙니까. 형님, 10년 전 담석 수술 받으실 때 병원에서 계속 약을 복용하라는 지시를 어겨 이번에 더욱 심한 아픔 당하시니 정말 마음이 아픕니다. 남편이 와서 간호하는 환자들을 보니 통증을 호소하는 형님이 목젖을 아프게 했습니다.

형님! 완쾌되면 지난번처럼 영화 구경도 가고 싱싱한 생선회도 먹으며 아픔을 잊는 시간을 만들도록 해 봅시다. 그리고 둘이 울릉도에 다녀오자던 약속 잊지 말고 우리 한번 떠나 보자구요. 형님을 보면 항상 형만한 아우 없다는 옛말 생각나게 합니다. 맛나는 음식이 있으면 꼭 동생들 잊지 않고 몫을 나누어 주시지요. 그리고 동생들의 일이라면 헌신적이었던 우리 형님!

잊지 않고 있습니다. 형님 수술실에 들어가시고 대기실에 앉아 있으니 마음이 하도 초조해서 형님이 주신 옥 거북메달을 만지며 기도했습니다. 우리 사는 날까지 건강하게 살아갈 수 있게 도와 달라고 했습니다. 형님, 제가 식사 준비해 가면 미안하다고 목이 메어 하시지 마세요. 오히려 제가 더 미안합니다. 그러시면 제가 형님께 도움 받을 일이 있으면 어떡하라구요. 이틀쯤 지나 호스를 몸에 부착하고서라도 퇴원할 수 있다는 의사의 말에 형님의 얼굴은 며칠 남지 않은 아주버님 제사를 모실 수 있다는 생각에 환하게 밝아오셨지요.

꽃 같은 젊은 시절에도 재혼 않으시고 자식 잘 키워 출가시키고 헛되게 살지 않으셨으니, 저세상에 계시는 아주버님께서도 흐뭇해하시며 하늘나라에서 지켜보실 겁니다.

형님, 저와 같이 종합검진도 받고 건강 지키면서 의좋게 사는 날까지 살아보자구요.

형님! 우리 형님, 힘내세요.

진심으로 고맙네요, 동서님들

옷을 벗은 나뭇가지 사이로 머-언 불빛이 베란다에 서 있는 내 앞에 선다. 옷깃 속으로 맵찬 바람이 파고들고 며칠 지나면 달랑 한 장 외롭게 남을, 벽에 매달려 있는 달력에는 경조사 확인 동그라미들이 맏며느리인 나를 내려다보고 있다.

며칠 뒤 집안 가까운 시아주버님과 시동생이 남편들만 모이지 말고 가까운 집안 동서들의 모임을 추진하라고 하신다. 바다 내음이 풍기는 서생진하에서 1박2일 부부 모임을 먼저 갖기로 했다. 입에 넣으면 금방 사르르 녹는 싱싱한 생선회로 '위하여'를 외치며 술 한잔씩 나누며 말 속도가 빠른 시숙님 말씀, "오늘 남편들 흉 한 가지씩 제출하소." 제일 흉 많이 보는 며느리들에게는 상금을 내리겠다고 하셨다. 그렇지만 노래방 가서 서로 가슴 맞대고 못 추는 춤이나마 추고 나니 부부싸움 칼로 물 베기다. 평소에 보던 흉도 서로 얼굴 쳐다보니 흉볼 일이 없었다.

여자들은 작은 사랑 표현에도 토라진 마음들이 다 풀린다. 집안 대소사 때도 만나지 못하는 동서들도 있지만, 이제는 두 달에 한 번이라도 만나는 모임을 갖게 되었다. 남남이 한 집안 사람으로 만나게 되는 것은 하늘에서 내려준 소중한 인연인 것 같다.

맨 처음 우리 집에서 모이는 날 하늘에서 맺어준 동서들에게 된장 맛이라도 보이기 위해 집에서 음식을 장만하기로 작정했다. 자식 장성한 나 같은 처지는 괜찮겠지만, 어린아이 데리고 식사 준비하느라 고생할 동서들을 생각해 집집마다 식사는 모임비로 음식점에서 배달해 먹기로 했다. 식사 외의 음식은 모임 하는 집에서 준비하기로 했다. 서로 편한 마음으로 만나야만 즐겁지 않을까 싶었다. 그리고 이유를 붙여서 자식 많이 둔 동서에게 총무를 맡게 했다. 이렇게 집안 동서 간의 인연들이 하나로 뭉쳤다.

그런데 12월 21일 결혼기념일 아침이었다. 딸아이가 사다 준 케이크에 우리 부부는 26개의 초에 불을 붙이며 서로가

서로를 축하한다며 눈가의 주름살 읽고 있을 때 갑자기 전화벨이 울렸다. 우리 집에 배달이 있으니 집을 비우지 말란다. 조금 뒤 현관문 앞에 선 남자의 손에는 환한 꽃바구니 하나가 들려 있었다. 꽃향기에 젖어 있는 파란 봉투 엽서 "동서님의 결혼기념일을 진심으로 축하드립니다. 동서 일동"

그래! 그래요 진심! 진심으로 고마워요 '동서님들' 오래오래 건강하게 모임이 지속되길 빈다. 집안 동서들의 건강한 미소가 꽃바구니에 넘쳐 우리 부부의 결혼기념일을 축하해 주었다.

희망

한밤 꿈에서 깨어나 옆자리에 잠들어 있는 남편 얼굴을 보면서 "아! 다행히 꿈이었구나." 나 자신이 암으로 시한 선고를 받은 꿈이었다.

그 순간 잠도 못 이루면서, 만약 꿈이 아닌 현실이라면 나는 어떻게 이 일을 맞이할 것인가 곰곰이 생각해 보았다. 처음엔 이런 생각이 들겠지. '왜 하필이면 나에게 이런 일이 닥쳤을까.' 남들은 암에 걸려도 나는 아닐 것이라고 다들 생각을 한다는데 아마 나 자신도 이런 생각을 하겠지. 그리고 처음엔 내 병을 믿지 못하고 가까운 사람들에게 짜증을 내다가 그 다음엔 내 주위 친했던 아무에게도 추한 내 몰골을 보이기 싫어 진통제로 연명하다 이 세상을 마감할 것인지, 아니면 어느 의학박사님의 암 체험 성공사례와 같이 암과 친구같이 대화를 하면서 마음을 비울까를 생각하다가 밤을 지새운 일이 있었다. 나는 그 후 꿈에 본 충격에서 벗어나지 못해 몸에 조그만 이상이 생겨도 병원을 자주 찾게 되었다.

며칠 전 가만히 앉아 있어도 땀이 줄줄 흘러내리는 날이었다.

열이 심하게 나면서 머리에 이따금 진통이 와서 병원에 가기 위해 버스에 올랐다.

에어컨 바람이 시원해서 열이 조금은 내리는 기분이었다. 얼마쯤 지나 버스 정류장에는 흰 지팡이에 짙은 안경을 쓴 30대 중반쯤 되어 보이는 남자가 지팡이로 버스를 세우더니 자기가 내려야 하는 목적지 방향을 기사에게 큰소리로 말을 하면서 더듬거리는 걸음으로 버스에 올랐다. 그리고 몇 정거장을 지나 혼자 차에서 내려 자신의 지팡이에 안내를 받으며 말없이 멀어져 가는 것을 보면서 나도 모르게 콧날이 시큰해 왔다.

이 세상에 태어났다는 것이 원망스러울 때가 얼마나 많았을까. 저렇게 감은 눈으로 혼자 길을 걸을 수 있고 움직이는 버스에서 타고 내릴 수 있을 때까지 또 얼마나 많은 고통과 용기가 필요했을까. 잠깐 사이에 두통이 말끔히 사라진 느낌이었다. 요즘 하루가 멀다 하고 소중한 목숨을 쉽게 버리는 사람들이 많은 것을 보며 안타까운 생각이 든다. 오죽하면 그럴까도 싶지만 죽음을 택하는 그 용기로 살아야겠다는 용기에 투자한다면 투자한 만큼의 이익이 돌아오지 않을까 싶다.

지금 밖에는 갑자기 거센 비바람과 번개까지 동반한 비가 창문을 흔들고 있다. 이 비바람 천둥이 지나가고 나면 틀림없이 맑은 하늘이 곡식들을 풍성하게 익혀 우리를 즐겁게 해줄 것이다. 열매들이 알차게 결실을 맺을 때까지도 폭풍우가 없다면 더욱 좋겠지만 말이다. 그렇지만 폭풍우는 매일 오지 않는다. 매섭고 추운 겨울이 지나고 나면 봄이 오듯이…….

이 모든 일들이 마음먹기에 달렸다고 하니 용기를 내야겠다.

빈자리

얼마 전 딸아이를 시집보내고부터는 평소에는 닫지도 않았던 현관문 아래 열쇠까지도 꼭꼭 닫아걸었다.

남편은 야간 근무를 나갔고, 퇴근해 올 딸아이까지도 기다릴 일 없는 저녁이었다. 한참동안 딸아이가 시집 갈 때 대강 챙겨나간 방안에 앉아보니, 아무도 때리지 않고 나무랄 사람도 없건만 닭똥 같은 눈물이 줄줄 흘러 나왔다.

퇴근해 오면 옆에서 하루에 일어난 일들을 재잘거리던 친구 같은 딸아이였다. 도시락을 싸가지고 다닐 때는 귀찮아질 때도 있었지만, 지금 생각해 보니 그 시절에는 나 자신이 나이도 젊었고 자식 키우는 재미에 하루가 훌쩍 지났던 것 같다.

자물쇠를 채우지 않아도 겁나는 것이 없었건만, 나는 지금 현관문 자물쇠를 꼭꼭 채우고 있다. 아직 딸아이 체취는 남아 있는데 텅 빈 것 같다.

옷들이 걸려 있어야 하는 곳에 빈 옷걸이만 주인을 잃고 멍하게 있는 것을 보니 더욱 울적했다. 얼굴에 바르다 조금씩 남은 샘플 로션과 스킨을 휴지통에 담아 버리고, 아직 남겨두고 간 액자 속의 사진을 보니 가슴 속 어딘가에 구멍이 난 것 같은 아픔이 왔다. 방안의 분위기를 바꾸어 보면 마음이 편해질까 싶어 작은방 물건들과 교체해 놓고 보아도 생각은 바뀌지 않았다. 새들처럼 둥지를 털고 언젠가는 날갯짓하며 날아갈 줄을 알면서도 왜 이렇게 서운한지 모르겠다.

친정 부모님 생각을 했다. 나를 시집보내던 날 친정집 뒷마당까지 돌아서 나와 부엌에 들러 가마솥 뚜껑을 열어보고 떠나 올 때 우리 엄마 내 손 잡고 잘 살아야 한다며 목이 메시던 그때가 어제 일 같은데, 벌써 내가 딸을 출가시키고 부모님 생각을 하고 있다니…… 딸아이는 결혼 일을 받아오는 날 차 속에서 훌쩍였었다.

나는 딸아이에게 눈물을 보이지 않으려고 침을 삼키면서 이렇게 말해 주었다.

"시집가는 사람이 너무 울면 부모님이 오래 못 산다고 하더라." 말도 되지 않은 소리를 했더니 울음을 뚝 그쳤다. 그리고 절대 울지 말자고 약속을 했다. 딸아이에게 신혼여행 갈 때 편지 한 장 쥐어주고 싶었지만, 건드리면 쏟아질 것만 같은 눈물 때문에 한 줄도 써 보내지 못했다. 이제는 퇴근 시간에도 기다리지 않을 것이고 아침에 일어나 잘 자고 일어났다고 "엄마" 하는 아침 인사도 들을 수 없을 것이다. 밖에서 일어났던 재미나는 일들 밤 늦은 줄도 모르고 주고받던 얘기 소리도 없을 것이고, 출근할 때 창문 너머로 목을 빼고 지켜보아 주지 않아도 될 것이다. 그리고 가끔씩 우리 부부를 찾아줄 것이고, 가끔씩 안부 전화해 줄 것이고, 그 다음에 할아버지 할머니라 불러주는 아이가 생길 것이다. 그 다음에는 또 그 아이들 시집 장가보내면서 우리 부부 생각도 가끔 하면서 살아가겠지.

사랑하는 딸에게

사랑하는 내 딸 읽어주렴.

노란 은행잎이 한 계절 사람들의 마음을 물들이더니 이젠 앙상한 가지만 남았구나! 마음이 무척 아팠단다. 그리고 내가 다리를 다쳐 누워 있는 동안에도 너는 이 엄마 몫까지 참 잘해 내네.

은행나무가 노란 잎을 자랑하는 계절을 기다리듯이, 12월 달력의 12일이란 글자에 동그라미를 해 두고 초저녁잠이 많았던 네가 새벽에 일어나 잠에 못 견뎌 할 때 이 엄마 심정은 저미었다. 도시락 두 개 싸고 또 동생 도시락까지 싸줄 때 나 자신이 왜 그리 미워지던지…….

네가 늦게까지 학교에서 공부하고 올 때면 마중은커녕 네 방에도 들어가 주지 못하고 누워 있을 때 너에게 너무 고생을 시키는 구나 싶어 마음이 아팠단다. 지금 새삼 칭찬해 주고 싶은 것이 있다면 "엄마, 12월 12일날 꼭 나는 합격해요." 하면서 도리어 나에게 희망을 주었던 일이지.

어느 날 너는 눈이 퉁퉁 부어 학교에서 돌아왔는데 엄마는 네 얼굴을 보면서 물었었지. 그러나 아무것도 아니라고 네 방으로 들어가 버렸을 때 나는 얼마나 섭섭했는지 모른다. 나중에야 알았을 때 나는 용기가 솟아오름을 느꼈다. '왜'라고 묻고 싶지? 그 눈물은 성공을 가져올 수 있는, 바로 패배하지 않으려는 욕심의 눈물이었으니까 말이다. 12월 12일 우린 부둥켜안고 성공의 눈물을 흘렸었지. "인내는 쓰나 그 열매는 달다" 참 좋은 명언이다. 맞지!

사랑하는 내 딸아!

3년 후 또 다시 우리 성공의 눈물을 흘려 보자구나!

노란 은행잎처럼 한 계절만 뽐내지 말고 오래오래 빛나는 내 딸이 되어 주길 바란다.

사랑하는 엄마에게

12월이 언제나 올까 싶더니 정작 12월 달력 한 장만이 제

방에 걸린 것을 문득 알게 되었을 때 왠지 모를 눈물이 나던 걸요. 아마도 모든 것이 쉽게 잊혀져 가며 모든 것이 쉽게 다가오기 때문이 아닌가 하는 생각이에요.

지금 생각하니 저 또한 3학년이란 틀 속에서 정신적으로 괴로웠던 일들이 많았던 것 같아요.

물론 저에게도 가장 큰 일은 여름방학 가장 중요한 시기에 어머니께서 다리를 다치셨다는 것이에요. 무척이나 힘들어서요.

저 혼자 제 자신을 달래느라 일기를 써 가며 울기도 했고, 나름대로 공부를 한다고 했지만 방학 후 성적이 떨어지는 것을 보고 다리 다쳐서 안방에서만 누워 계실 어머니께 어찌나 죄송하던지…….

다리뼈가 채 아물지도 않으셨는데도 못난 딸을 위해서 목발 짚고 부엌에 나와 일 하신 그날 저녁은 또 부어서 붕대를 칭칭 감으시고 아프신 데도 말씀 한 마디 안 하시고…….

순간 왜 그렇게 눈물이 나던지 모르겠어요. 아마도 어머니께서 이렇게 괴로워하시는 것을 부처님께서 아셨나 봐요. 이젠 어머니가 완쾌되었으니까요. 그때의 괴로웠던 순간들이 이제는 내가 좀 더 여문 인간이 되기 위해 겪은 일들이 아닌가 하는 생각이 듭니다.

제가 무엇보다도 자랑스럽게 생각하는 것이 있어요. 딸의

편지에서 같이 생각해 주고 충고해 주고 슬퍼해 주는 친구 같은 어머니를 가졌다는 점이에요. 제가 공부에 지쳐 괴로워할 때 온갖 투정 다 받아주시고 어깨를 토닥거리며 이야기해 주시고 격려해 주시는 친구 같은 어머니. 우울할 땐 같이 노래도 부르고 수다도 떨어보는 친구 같은 엄마 말이죠.

어머니! 언제나 하고픈 말이었지만 쑥스러워 하지 못했던 말이 있어요. 뭔가 하면 말이죠.

"어머니! 정말 사랑해요. 그리고 사랑해요."

어머니의 딸

작은 행복

친정집 올케가 병원에 입원했다는 소식을 듣고 우리 형제들은 병원으로 달려갔다. 담석증으로 입원한 올케의 얼굴은 쉰 중반을 넘은 나이보다 훨씬 늙어 보였다.

형제들이 병실로 들어서자 반가움에 눈물을 보이다 활짝 웃으면서 손을 번갈아 잡고 놓을 줄을 몰라 했다. 형제들이 올케에게 고맙다는 말밖에 할 수 없을 때, 올케는 오히려 맏며느리의 도리를 못하고 있다면서 미안하다고 말을 한다.

우리 형제들은 올케의 지금까지 살아온 고통스러움을 너무나 잘 알고 있으면서도 큰 도움을 주지 못하는 것에 다들 미안하게 생각하고 있다. 큰오빠는 40대 초반의 젊은 나이로 당시 초등학교에 다니던 두 딸과 철부지 아들과 꽃다운 30대 올케와 가난을 유산으로 남겨둔 채 암으로 세상을 떠났다. 오빠가 생을 마감하던 날 올케가 정신을 잃고 쓰러져 병원으로 실려갈 때 하늘이 무너지는 것 같았었다. 울며 몇 날 몇 밤을 눈물로 지새던 올케는 그 후 직장생활을 시작했고, 자식들 착하게 키우면서 집안 대소사까지 잊지 않고 잘 챙기며 살아왔다.

당시 여섯 살이었던 조카를 병원에서 보니 미남이라고 사람들이 큰오빠에게 말들을 한 것처럼, 조카도 제 아버지 얼굴을 빼닮아 있었다. 군복무까지 필해서 대학에 복학하고, 올케의 보호자가 되어 큰오빠 몫까지 하고 있었다. 어릴 때 오빠의 기일이 닥치면 아이들이 언제 커서 시집 장가갈까 생각하면 오빠가 원망스럽기도 했는데, 세월이 약이라고 하였던가. 당시 초등학교에 다니던 두 딸은 올케집 가까운 곳에 가서 능력 있는 사위와 재롱 피우는 손자 둘까지 얻었다.

항상 슬프게만 보이던 액자 속의 영정도 이제는 빙그레 웃으며 자식 잘 키운 올케와 잘 자라 준 자식들에게 고맙다고 머리를 쓰다듬어주는 것 같아 보였다. 올케의 얼굴을 보다가 오빠의 영정 사진을 보니 안타깝게도 해가 갈수록 젊어 보인다. 어린 자식들을 두고 재혼하면 어떻게 하나 마음

졸이기도 했지만, 올케는 정말 강하게 살아 주었다. 가족들 모인 자리에서 동생 신랑 하는 얘기 "처남댁이 조카를 버리고 가 버렸으면 저가 도시락 싸들고 다니면서 찾아 왔을 거라요." 한다.

당시 올케가 마음 한번 잘못 먹었다면 형제들도 어떻게 할 수 있었겠나마는 올케의 강한 의지 덕분이 아니었을까. 요즈음 이혼을 하면서도 서로 자식들 맡기 싫어서 소송까지 하는 것을 보면 장한 올케에게 고맙다는 인사를 되풀이 하고 싶다.

될 성싶은 나무는 떡잎부터 알 수 있다고 하지 않았던가. 됨됨이를 갖춘 집안의 딸이기에 우리 집안에 대를 이어 주었다고 생각한다. 이렇게 열심히 살아가는 올케에게 내일도 또 내일도 행운이 쏟아졌으면 좋겠다.

동동주 잔 위에 꽃잎이 불그레한 모습으로 내려앉아

봄 나비마냥 나풀거리는 꽃잎들, 나뭇가지에 피어나는 옹알이하는 잎들과 옆자리에 든든하게 자리하고 있는 남편이 있어 눈앞에 펼쳐지는 세상이 더욱 아름답게 보이는 날이다. 남편 직장이 우리나라 바다의 사나이 해군이었다는 자부심과 충무공 정신을 받들어 복무하신 분들이 '충무회'라는 모임을 가지다가 부부 동반으로 진해 벚꽃축제 관광과 해군 부대를 다녀오기 위해 관광버스에 몸을 실었다.

진해시라는 이정표가 보이자 군 시절 이야기에 갑자기 웅성거리기 시작했다. 훈련시절에는 이쪽을 보고 소변도 안 보겠다고 하셨다는 회원님이 지난 이야기 하다 입가에 웃음이 돈다. 옛날 넓게만 보였다던 벚꽃거리가 좁아 보인다는 회원님의 말처럼, 그 시절 어린 나무들은 평수가 넓어지고 내가 늙어가고 있으니 좁아 보이는 것은 당연한 일이 아닐까 싶다. 해군 기지 사령부 영내 관광을 하기 위해 우리 일행이 탄 버스는 벚꽃 터널 속으로 천천히 들어섰다. 남편의 군복 입은 시절과 닮은 건장한 얼굴의 군인이 '필승' 구호를 외치며 미소를 보내온다. 나는 가슴이 뭉클해 왔다. 회원님들은 친정 온 여자들의 심정이 이럴 것이라 했다.

군 입대 시절 푸른 청춘과 푸른 바다가 일치했던 젊디 젊은 그 시절이 어찌 그립지 아니하리요. 태어나 처음 타 보는 군함 위에서 회원님들은 반질반질 윤기 흐르게 잘 손질된 손잡이며 구석구석을 살펴보면서 젊음의 패기가 살아나듯 지난 추억을 더듬는다. 그곳을 지키고 있는 푸른 청춘 역시 회원님과 같은 세월이 흐른 뒤에 이곳을 찾아와 옛 일을 되새기리라 생각하며 군함에서 내렸다.

그리고 제왕산 탑공원 365계단을 차곡차곡 밟아 마지막 탑 위 벚꽃 아래서 동동주에 고소한 파전을 안주 삼고 주거니 받거니 할 때 지저귀는 새소리에 놀란 꽃잎이 불그레한 모습으로 뽀얀 동동주 위에 내려앉는다. 송알송알 이마에 맺힌 땀을 씻는 우리 부부의 환한 웃음이 탑산을 가득 메웠다.

우리의 인생 또한 고개를 넘다 잠시 쉬어가는 것과 무엇이 다를까 생각하며 탑산을 내려왔다. 그 봉우리를 오르지 못한다면 해군이라 말할 수 없다는 천자봉이 보이는 횟집에서 다 함께 "바다로 세계로"라는 구호를 외치며 건배하다 보니 바다 위 갈매기 한 쌍이 다정스레 날고 있었다.

작업복에 꽂힌 볼펜 한 자루

집안 청소를 하고 있을 때 전화벨이 울렸다.

"지금 뭐 하노?" "별일 없으면 둘이 영화 구경 가자."

나 혼자 영화 구경은 가끔 가지만 남편과의 영화 구경은 기억도 희미한 일인지라 농담인 줄 알았다. 지금 회사에서 출발했으니 준비하라는 부드러운 목소리였다.

지금 나처럼 행복한 사람은 없을 거라는 생각을 하면서 남편과 매표소 앞에 줄을 섰다. 그런데 우리가 보고 싶은 영화는 이미 시작해 버렸다. 옛날 같으면 상영 도중에도 관람할 수 있는 영화가 많았으나 상영이 끝날 때까지 기다려야 했다.

매장 이곳저곳을 기웃거려 보았지만 시간은 빨리 지나가지 않았다. 남편의 얼굴에는 지루함으로 가득했다. 시간을 보내기 위해 밀가루 음식을 좋아하는 남편에게 옛날 자장면을 먹자고 했다. 한 시간을 조금 넘는 시간을 메꾸기 위해 우리는 자장면 한 그릇씩을 비우고 영화 구경은 접은 채 돌아왔지만 모처럼 남편과의 데이트는 즐거웠다. 가끔 우울해질 때도 남편이 곁에 있다고 생각하면 행복하다.

우울한 일을 겪었던 몇 해 전이다. 영업을 알리는 목욕탕 간판 불이 뿌연 새벽을 밝히고 있는 시각, 간밤에 잠을 설친 남편이 출근하기 위해 희끗희끗한 머리를 빗고 있었다. 며칠째 잠을 설치는 것을 보고 '회사에 무슨 일이 있어요?' 물어보고 싶었지만 저녁에 물어볼 양으로 간지러운 입을 다물어 버렸다. 경조사 외에 쉬어 본 적이 없는 사람이라 하루쯤 쉬어 보라고도 하지 못했다.

남편이 출근하고 두어 시간 지난 시간이었다.

"여기 병원 응급실인데요." 방금 전에 출근한 남편이 119 구급대에 실려 병원 응급실에 있다는 것이 아닌가. 응급실 문을 들어서는 순간 작업복 차림으로 누워 있는 남편 눈과 마주쳤을 때 나는 '아! 살아 주었구나. 가족을 버리지 않았구나.' 너무 고마워 어쩔 줄 몰라 하며 손을 잡으니 남편은 괜찮다며 집으로 가겠다고 한다.

의사는 몸을 과로시킨 대가를 받았다고 하며 조금 쉬었다 퇴원하라고 했다. 몇 초 몇 분을 다투는 환자들이 응급실로 들어설 때는 가슴이 쿵쾅거리며 머리끝이 쭈뼛 서는 느낌이었다. 응급실 칸막이 커턴 자락같이 젖히고 닫히는 사이 생사가 나누어지듯이 이승과 저승도 커턴 자락과 별다른 것이 없다는 생각이 들었다.

작업복에 꽂힌 볼펜 한 자루와 맨발. 병원 매점에서 슬리퍼를 사서 신고 집으로 돌아와 남편과 둘이 식탁 위에 따뜻한 음식을 마주했다. 남편이 나를 쳐다보며 싱긋이 웃어 주었다.

5
언제부터 방귀가 아팠나요

걸음아 날 살려라 도망친 도둑

동네 뒷산을 오르다 보니 누런 솔잎들이 수북수북 쌓여 있다. 지금 소나무들은 쌓인 솔잎을 거름으로 받아먹으며 자랄 수 있지만, 우리 어릴 적에는 뉘집 할 것 없이 최고의 땔감이 나무였다. 거름은커녕 날이 밝기 무섭게 나무 밑으로 가 솔잎을 긁어 보아 땔감으로 썼다.

태풍이 지나고 난 우리 집 마당에는 어느 부잣집 부럽지 않게 누런 솔잎이 부엌 앞까지 쌓여 있었었다.

그날따라 둥근 달은 휘영청 밝아 창호지문을 환하게 비추는 밤이었다. 주무시던 어머니가 한밤에 비녀가 빠져 머리카락이 흘러내린 채 실성한 사람처럼 이상한 소리를 내며 방문을 열고 나가시는 게 아닌가. 엄마 옆에 자다 깨어나는 철없는 자식들은 그런 행동을 하는 어머니가 무서워서 모두 이불 속으로 파고들었다. 사랑채에 주무시던 아버지는 어머니 기척에 놀라 "뭣꼬?" 하시며 맨발로 뛰어 나오셨다. 그제야 우리 어머니 더듬거리며 "도, 도, 도둑놈이 변소 쪽으로 들어갔다."고 고함을 지르시는 것이었다.

그때서야 우리 식구들은 후다닥 모두 밖으로 나가 보니 아버지는 지게작대기를 잡으시고 변소를 향해 뛰어 들어가셨는데, 도둑은 이미 울타리에 구멍을 뚫어둔 채 도망가 버린 뒤였다. 우리 집 부엌으로 어떤 사람이 쫓겨 들어오는 꿈을 꾸다 놀란 어머니는 창호지 문구멍으로 밖을 내다보니 도둑이 낮에 땔감을 모아둔 그 쪽을 피해 달아나더라고 했다. 도둑은 그만 환한 달빛 그림자를 들켜 버린 것이다.

오래된 기왓장을 가루로 만들어 짚수세미로 반들반들하게 닦아 쓰던 놋그릇이며 작은방 부엌의 양은솥과 우리 형제들의 양철 도시락을 가마니 속에 넣어 집 옆에 있는 밭에 버려두고 도둑은 걸음아 날 살려라 도망을 가 버렸다.

그 후 밤에 변소 갈 때 동생들과 차례대로 밖에서 기다려주기를 하면서 뒤따라오는 형제는 마루에 신발이 먼저 올라가면서 울리기까지 하는 장난을 치며 엄마에게 혼이 나기도 했다. 변소가 가기 무서워 마당에서 볼일을 보기도 했고, 닭장 앞에 서서 "닭이 똥 누지 사람이 누나" 이런 주문을 세 번 하고 나면 밤에 변소를 가지 않는다는 부모님 말씀을 실천하기까지 했다. 요즈음 아파트 분리수거하는 날 멀쩡한 물건들이 버림받는 것을 보며 가난했던 그 시절을 더듬어 본다.

언제부터 방귀가 아팠나요

미역보다 부드러운 상추를 불룩하게 한 입 밀어 넣었다. 목구멍 속으로 빠르게 꿀꺽하고 싶었지만 위에 부담이 생길까 싶어 천천히 씹고 있을 때 갑자기 입안에서 '우지직' 돌 씹히는 소리가 났다. 맛 나는 것을 버려야 한다는 아쉬움에 잠깐 짜증이 났지만 어쩔 수 없이 화장지 한 장을 '휙' 뽑아 뱉아 버렸다. 그래도 모래를 씹는 듯한 느낌이 들어 물로 입 안을 깨끗이 헹궈 버리고 손바닥 위에 차곡차곡 쌈을 올리다가 혓바닥으로 입 안을 한바퀴 돌리는 순간 나는 놀라지 않을 수 없었다. 충치로 인해 포장해 놓은 인공 이빨이 떨어져 나와 틈이 생겨 버린 것이다. 믿기지 않아 혀끝으로 계속 더듬어 보아도 까칠한 자국은 맛있게 먹던 상추맛을 사라지게 했다. 작은 손거울을 들이대고 이를 마주해 보았지만 끝이 보이지 않아 아쉬움만 뒤로하고 치과를 찾았다.

방학이라 손님이 많았다. 불경기라지만 이 하나에 몇 십만 원씩, 그것도 절대 에누리 한 번 못하고 많은 금액을 지불하고 보면 무언가 마음 한구석이 억울해지기도 하고 마지막엔 관리 못한 내 탓으로 돌리고 만다. 이는 오복 중의 하나라고 해서 신경을 쓰고 예방을 해야 되지만 뜻대로 잘 되지 않아서 치과엔 사람이 많은 것 같다.

나는 치과에서 차례를 기다리다 하얀 가운을 입은 젊은 의사와 눈이 마주쳤다. 그때 문득 친구한테 들은 치과에서 있었던 이야기가 생각나서 그만 웃음이 나와 보고 있던 신문으로 얼굴을 가리고 말았다.

바람이 차가운 날이었다. 나는 친구들과 점심식사를 하기 위해 식당에서 만나 이야기를 나누고 있었다. 그런데 평소엔 말도 크게 하지 않는 친구가 힘을 주어 방귀를 뀌어놓고 우리에게 치과에서 일어난 방귀 이야기를 했다.

젊은 새댁이 이빨 치료를 받으러 남편 친구 치과에 가게 되었단다. 치과라는 곳은 치료 기계음 소리에도 긴장이 되는 곳인데, 그만 남편 친구 앞에 이빨을 보여주는 순간 염치없이 '뽕' 아주 짧은 방귀가 나오고 말았단다. 의사는 새댁이 미안해 할까 싶어 잠깐 그 자리를 나와 마음을 가다듬어 다시 치료기를 들다 말고 새댁에게 "언제부터 방귀가 아팠나요?" 이빨이 언제 아팠냐고 묻는다는 것이 그만 실수를 해 버리고 말았단다. 그 말은 들은 새댁이 참았던 방귀가 연방 줄줄이 흘러나오고 말았다는 이야기가 문득 치과의사를 보는 순간 생각이 나서 장시간 차례를 기다리는 나는 긴장이 조금씩 풀렸다.

이빨은 하루에 세 번 그리고 3분씩 닦는다면 충치 예방에도 한 몫을 하지만, 튼튼한 치아를 가진다면 요즘 같은 불경기에도 한 몫을 하지 않을까 싶다.

개구리 먹던 힘까지 다해서

노을이 내려앉는 시각 고향 친구와 둘이 대공원에서 만났다. 공원의 새로운 것에 신기해 하며 걷고 있을 때, 도심에서는 들을 수 없는 개구리 울음소리가 공원을 메우고 있었다.

사람의 손으로 가공된 돌다리를 사뿐사뿐 건너보려고 애를 써보기도 하고, 돌다리 사이로 흐르는 물속에 손을 담가도 보았다. 고향집 앞 냇가에 반듯반듯 놓여 있는 돌다리 아래 개구리들이 혀를 쭉쭉 내밀며 벌레를 잡아먹던 정경이 눈에 선하다. 친구와 개구리 소리가 가깝게 들리는 곳에 마주 앉아 어릴 때 애기를 주고받는 동안 개구리 울음 소리는 한

옥타브 높아지고 있다.

여름방학이 오면 우리는 집에서 가물가물 보이는 동산에 소꼴을 먹이러 다녔다. 동산 바로 옆에는 유일하게 논이 두어 마지기쯤 있었다. 졸졸 흐르는 산골물을 받아 농사를 지었던 논 주인은 논두렁을 태우다 불씨가 동산으로 번져 동산 전체를 다 태워 버린 후 화병으로 시름시름 앓다 세상을 떴다.

우리들의 소꼴 먹이는 장소로서는 그저그만이었다. 군데군데 넓은 바위가 있어 이름도 새겨 보고, 높은 바위 위에 올라서면 멀리 있는 소까지도 잘 찾아볼 수 있었다. 바위 밑으로 흐르는 도랑에는 산가재랑 개구리가 많았다. 먹을 것이 흔치 않을 때라 우리는 순번을 정해 두고 개구리 잡아오면 뒷다리를 구워 서로 많이 먹겠다고 다투기까지 할 때였다. 개구리가 일기예보까지 알아본다는 것을 그때 알았다. 갑자기 먹장구름이 소나기를 몰고 오는데 작은 청개구리들은 나뭇가지 위에서, 논에서는 먹개구리들이 소 찾아가는 우리보다 더 바쁘게 개골거린다.

어느새 굵은 소나기가 쏟아지니 소들이 뛰기 시작했다. 소들이 땡벌집을 밟아 땡벌들이 소를 쏘는 것이었다. 소 뒤를 뛰어가는 나는 셀 수도 없이 땡벌에 쏘이면서도 소를 잃어버릴까 개구리 먹던 힘까지 다해 울면서 소 뒤를 따라 뛰었다.

지금도 야외에 나가 개구리 울음소리가 들릴 때면 그때가 기억에 새롭다.

어릴 적 풀섶이나 논둑엔 뜸북새가 흔해서 잡아다 집에서 키웠다. 먹이로는 잠자리나 개구리였다. 개구리들은 눈과 귀가 밝은 모양이었다. 물위에 얼굴을 쏙쏙 내밀며 개골거리다 작은 발자국 소리에도 금방 조용해지는데, 대공원 개구리들은 수많은 사람들의 발자국 소리며 애기 소리, 자전거 타는 소리, 윙윙거리며 타는 스케이트 소리, 아주 큰 소리에도 쉴 새 없이 개골거리는 것을 보면 도시 출신 개구리인가 보다.

순박하고 깨끗한 농촌 개구리와는 다른, 소음에 익숙한, 시끄러운 랩을 즐기는 아이들 같은 개구리들인가 보다. 그러나 그리움을 불러오는 소리가 예전과 다르지 않은 것을 보면 토종 개구리임에는 틀림이 없나 보다. 내 옆에 앉은 친구도 개구리 소리를 들으니 어릴 적 살던 고향집이 그립다는 것을 보면…….

노천 목욕탕에서의 일

요즈음 같이 무더운 날이면 풀벌레 매미소리 시원스레 들리고 언제나 맑은 물이 흐르던 고향 앞 냇가에서 멱 감던 생각이 난다. 반듯하고 평평한 바위 밑은 아이들의 수영장이었다. 멱 감을 때는 수영복도 되고 운동회날은 운동복도 되는 팬티를 입고 입술이 파래지도록 멱을 감고 놀았다. 귀에 물이 들어갈까 봐 마른 쑥을 곱게 비벼 귀를 막고 물속을 헤엄칠 때면 맑은 물속 고기들과도 함께 노닐었다.

날이 환한 때 냇가에서 멱 감기엔 부끄럼이 많았던 동네 친구들은 달이 밝지 않은 야밤을 이용해 등불을 들고 앞 냇가에 멱을 감으러 갔다. 바윗돌 위에 나란히 옷을 벗어놓고 물속으로 들어서 몸을 담그려고 허리를 구부리는 순간, 작은 등불에 비춰 물속에 길게 보이는 것이 있었다. 뱀이었다. 옷을 입을 겨를도 없이 벌거벗은 채 한참을 뛰어가다 뒤를 돌아보니 등불은 온데간데없었다. 벗은 옷을 움켜쥔 벌거벗은 여자아이 셋이서 그때서야 서로 쳐다보다가 어두운 논둑길을 걸어 나왔다.

지금도 가끔 만나면 그날 얘기를 한다. 등불을 논에 넣어두고 왔다고 엄마한테 혼났제! 하면서 지금은 모두 그때 일을 생각하며 즐거워한다.

그리고 그 앞 냇물은 너무 맑아 밀타작을 하고 나면 그곳에서 씻어 말려서 애호박과 여름 감자를 썰어 넣은 밀수제비는 요즈음 밀가루처럼 희진 않지만 구수한 맛은 일품이었다.

장맛비가 내리는 날은 밀과 콩에 사카린을 조금 넣어 가마솥에 볶아 먹으면 맛있는 군것질거리였다. 지금은 맛있는 음식들이 많지만 그때 그 군것질거리만 하랴 싶다.

또한 맑은 물이 흐르는 줄기를 따라 가다 보면 숲이 우거진 곳이 있었다. 그곳에는 큰 장맛비에도 떠내려가지 않는 아주 희고 매끄러운 진흙이 있었다. 하얀 진흙을 적당히 물에 개서 하얀 벽으로 깨끗하게 집을 단장해서 명절을 맞고는 했다.

가난한 세월이었지만 그때가 그리워진다. 고향 맑은 시냇물과 반듯한 바위는 추억을 간직한 채 변함없을 것이다.

화장실 갈 때 다르고 올 때 다르다

스산한 겨울비가 추적추적 내리는 날 대구 팔공산 갓바위에 가기 위해 옆집 아줌마와 둘이 일찍 집을 나섰다. 첫 우등버스에 편히 자리를 잡고 앉았다.

아침에 눈을 뜨면 제일 먼저 찾는 것이 화장실이지만, 다른 날보다 일찍 일어나 그냥 집을 나선 것이 좌석에 앉고 보니 덜컥 겁이 났다. 조금 지나서부터 배가 살살 아파 오기 시작했다. 그 전날 매운 음식을 먹은 탓인지 아픈 강도가 평소와 달랐다.

창 밖에는 쉴 새 없이 비가 주룩주룩 내리고 있는데, 배는 자꾸 아파 오는 것이었다.

화장실에 가야 할 위기가 느껴질 때는 진땀이 얼굴에서 배어나왔다. 참자고 생각을 하니 더욱 급해지는 것 같았다. 차 안의 전자시계 분침과 초침이 한 시간 같은 느낌이다. 눈물이 나올 만큼 참고 또 참다 보니 내릴 곳이 가까워 왔다.

움직이면 쏟아질 것 같은 생각에 임신한 임부의 자세로 빨리 내릴 수 있는 기사 옆자리에 있는 안내석 의자를 잡고 섰다. 기사님은 남의 속도 모르고 위험하니 자리에 가서 앉으라고 하는 것 아닌가. 나는 기사의 말에 순종할 수가 없었다. 일찌감치 내 손 안에 있던 휴지는 축축하다 못해 짓이겨져 있었지만 그 작은 휴지 한 조각에 내 몸을 달래고 의지하면서 목적지에 내리게 된 것 같았다. 그리고 직행 정류장으로 내 몸의 힘을 다해 뛰었다. 걸음아 빨리 뛰어라 하면서 정류장 앞에 닿았는데 아뿔싸!

문 앞에 '폐쇄'라는 두 글자가 가슴을 철렁하게 만들었다. 나는 사냥개가 짐승을 향해 달리는 것처럼 옆문으로 뛰었다. 그러나 그곳도 마찬가지 '폐쇄'라는 글씨가 뚜렷이 나를 보고 있었다. 정류장을 미친 듯이 돌아 간신히 목적지를 찾은 것이다. 사람은 화장실 갈 때 다르고 나올 때 다르다고 하더니만 그 순간이 꼭 맞는 얘기였다. 화장실에서 나오는 순간 내 눈앞에 있는 것들이 아름답게 보였고, 비바람이 세

찼지만 걸음 역시 상쾌하지 않을 수 없었다. 대구 시내버스는 대만원이어서 발도 근근히 딛고 올라섰지만 얼마든지 참을 수 있을 것만 같았다. 그러나 기사님은 운전대 옆 좁은 자리지만 다른 사람에게 발도 밟히지 않고 제일 좋은 자리라 한턱 내라는 농담까지 던지면서 그 자리에 서서 갈 수 있게 해 주었다.

갓바위 올라가면서 신발 속으로 물이 들어가 철벅거렸지만, 위속까지 편안하니 부러울 것 없는 마음이었다. 정상에 올라 갓을 쓴 돌부처님께 남에게 더러움을 보여주지 않은 것에 감사의 기도를 올렸다. 그리고 준비성 모자란 자신을 나무라는 스스로에 대한 반성을 해 보았다.

김치 냄새의 이중성

벌써 산자락에 자리하고 있는 밭에는 서리가 내려 속을 채우느라 애쓰는 배추며 무들을 하얗게 덮고 있다.

얼마 지나면 이 채소들도 집 안으로 들어와 김장 맛을 보여줄 것이다. 그런데 그 김치 냄새도 때와 장소에 따라 달라진다는 것을 경험한 적이 있었다.

부산에서 집으로 오는 열차에 올라 두리번거리다 보니 두 사람이 앉을 자리가 텅 비어 있었다. 나는 "얼씨구나" 하며 편안하게 자리에 앉았다. 조금 있으니 내 뒷좌석에 앉아 있던 아주머니가 내 옆으로 와서 앉아 있더니 앞 칸으로 자리를 옮겨가면서 '김치 냄새 때문에 미치겠다.'는 말을 퍼붓듯이 하는 것이었다. 그리고 어떤 젊은 아주머니는 화장실 냄새까지 들먹이면서 또 그 자리에서 일어나 가 버리는 것이었다. 그 말을 듣고 보니, 참고 견딜 만해서 앉아 있었던 나 자신도 견디기가 힘들었다. 코를 벌름거리다 앞좌석에 앉은 순박하게 보이는 아주머니 발 옆의 까만 비닐 봉투에 눈길이 머무는 순간, 아주머니는 긴장된 표정으로 비닐을 잡았고 정면으로 눈길이 마주쳤다.

참 묘한 것은 그 아주머니 옆에 앉은 아가씨는 아무 냄새도 없는 듯이 앉아 있는 것이었다. 내 가까이 앉은 사람들 옆에는 의심받을 물건이 없는데, 내 옆자리에 앉은 사람들은 조금 앉았다 하면 옮기기 때문에 사람들의 시선은 나에게 집중되는 것 같았다.

'참고 가야지' 하는 생각이 드는 순간, 집을 나설 때 쓰고 있던 모자를 눈이 잘 보이지 않을 만큼 힘껏 눌러쓰고 창밖만 바라보는데, 그 날 나는 열차가 왜 이렇게 빠르지 않을까 싶은 생각이 들었다. 아침에 먼 길 간다고 샤워하고 다림질한 옷이며 속옷까지 갈아입은 것, 그리고 내 옆에 놓인 종이가방에 새로 산 남편 옷과 냄새가 전혀 없는 가벼운 물건밖에 없는데, 마음 같아서는 일어나 가방 속을 보여주면서 얘기해 버리고 싶은 생각이 들었다. 그 자리를 떠나 버릴까 싶은 생각이 울컥 들 정도로 갑갑해지기도 했다.

김치 냄새가 역겹다고 마음먹으니까 가면 갈수록 냄새는 거침없이 풍겼다. 견디다 보니 내릴 역까지 왔지만 내가 의심했던 그 아주머니는 그 자리에 자세도 바꾸지 않은 채 앉아 있었다. 좌석을 잘못 선택해 왕따를 당하면서 내릴 역까지 참고 도착하여 넓게 앉아온 좌석에 답답했던 마음을 홀가분히 벗어버리고 열차에서 내리니 발걸음이 가벼웠다.

그런데 된장찌개가 끓고 있는 식당이나 음식상이 차려져 있는 곳에서의 김치 냄새라면 우리나라 사람들은 군침이 돌겠지만, 열차 속에서 나는 김치 냄새는 견뎌내기가 쉽지 않았다. 이제 김장철이고 보면 이런 김치 소동이 어디에서나 일어날 수 있는 계절이 성큼 다가왔다.

스승의 그림자도 밟아선 안 된다

우리는 그리워하면서 한 번도 찾아뵙지 못했던 스승을 경주호텔 커피숍에서 뵙기로 했다.

친구와 둘은 며칠 전부터 들뜬 마음이었다. 제자들은 선생님 할머니가 되었다는 생각은 하지 않고 마냥 늙지도 않으실 것 같은 그때 그 고왔던 선생님 기억만 머리에 채우고 있었다. 만나는 장소까지 걸리는 시간은 한 시간이면 충분한데도 친구와 나는 빨리 뵙고 싶은 마음에 몇 시간을 앞당겨 출발했다. 정체되지 않는 도로를 시원스레 달리다 보니 시간이 많이 남아 있었다. 방송에서 'TV는 사랑을 싣고'라는 프로를

볼 때에 만나는 시간이 다가오면 사람들은 많이 떨린다고 했다. 그 마음들을 알 것만 같은 초조한 시간들이었다.

곧 도착하신다는 선생님의 휴대폰 전화 연락을 받고 우리는 커피숍 입구까지 마중을 나갔다. 어언 40년 만의 첫 만남이었다. 승용차에서 우리를 향해 활짝 웃으시며 내리는 늙으신 할머니 한 분. 나는 도저히 선생님의 옛 모습이 떠오르지 않았다.

몰라보게 변하신 스승님과 우리는 반가움에 울고, 지나간 세월이 원망스러워 또 울고 울었다. 스승님께서는 "너희들이 이렇게 나이를 먹었는데 나는 가만히 있을 수 있는가." 하셨다.

복스럽던 얼굴, 꾀꼬리같이 맑은 목소리의 20대 처녀 선생님, 학교 총각 선생님 대상 인기 1위의 그 고우시던 스승님 얼굴은 온데간데없고 주름 잡힌 낯선 할머니가 되어 계셨다.

스승님은 그 시절 온종일 기차를 타고 통금시간에 서울역에 내렸던 수학 여행길에 찍은 사진을 잊지 않으시고 봉투에 담아 오셨다. 커피숍에서 할머니가 된 세 사람은 머리를 마주하고 사진 속에서 지난 일들을 하나하나 더듬어 보며 나이도 잊고 웃고 떠들며 시간 가는 줄을 모르고 추억에 잠겨 보았다. 동심에 젖은 것은 나와 친구뿐만이 아니었다. 스승님께서도 그때 그 시절을 무척 그리워하며 사진 속의 제자들의 이름을 기억은 다 못하시지만 너무 즐거워하셨다. 친구와 스승님께 저녁식사를 대접해 드리며 이제 가끔씩 만날 것을 약속하고 저녁 늦게 헤어졌다.

그날 이후 스승님은 무공해 농사로 지으신 고추며 감자, 갖가지 쌈 야채들을 오목조목 택배로 보내주시며 "맛있게 먹고 건강해라." 하실 때는 이 세상에 계시지 않은 친정엄마의 보살핌 못지않다. 그리고 택배를 받는 날이면 옛날 선생님 자취방 문 앞에 상추를 몰래 두고 누가 볼까 봐 황급히 나왔던 그때 일을 떠올리며 아껴먹는다.

다음 스승의 날엔 스승님의 제자들과 함께 농촌에 계시는 스승님을 찾아뵐 것이다.

대중목욕탕

새벽하늘이 금방이라도 비를 뿌릴 기세다. 겨울 가뭄에 보탬이 될 것 같은데 기온이 낮은 탓일까. 내 몸은 추 하나 달아 놓은 것처럼 무거워 목욕탕으로 갔다. 이른 아침 목욕탕에는 아침잠이 없는 할머니들이 다리 허리 아픔까지 시끌시끌 인생담을 늘어놓고 계신다.

바로 창문 위에 간혹 나타나 여자들 목욕하는 모습들을 요리조리 훔쳐보는 비둘기 한 마리가 목욕탕 안으로 들어서는 나에게 눈인사를 보내왔다. 처음에는 괜히 부끄러워지기도 해서 물바가지를 흔들어 내쫓아 버리려고도 했지만, 이젠 보이지 않으면 서운해지는 느낌이 들 때도 있다. 내가 비둘기를 할머니들에게 인사 시키는 시늉을 하면서 저것이 매일 여자들의 나체 구경을 하고 있다고 했더니, 할머니들은 언제 아픈 이야기를 했나 싶게 모두 웃으신다.

그때, 대여섯 살 남자 아이 부축을 받으며 목발을 서툴게 짚은 아주머니가 목욕탕 문으로 들어섰다. 나는 미끄러운 목욕탕 바닥의 물기를 보면서 조마조마한 마음에 그 아주머니를 부축해 자리를 마련해서 등을 밀어드렸다. 자기 집 옥상 계단에서 넘어져 팔과 다리뼈가 부러졌다고 했다.

장애인이 되는 것은 예고가 없다는 것을 나 자신이 경험한 적이 있었다. 지나고 보니 내가 석 달 간 목발을 짚었던 때가, 강산이 바뀌었지만 그 후유증은 오래 남아 몸을 괴롭게 만들기도 했었다.

집에서 목욕을 하고 마룻바닥에 떨어진 물기를 깨끗이 닦아내지 못한 상태에서 미끄러져 발목뼈가 부러지고 말았던 그 해 여름, 무더위가 기승을 부리는데 허벅지까지 깁스를 하고, 물기가 있는 화장실을 들어가다 넘어져 이중고를 겪어야 했었다. 아이들 도시락 걱정에 한시라도 빨리 병원에서 나가고 싶어 애를 태우다 석고가 채 마르기도 전에 목발을 짚고 퇴원해 보았지만 식구들에게 아무 도움을 줄 수 없는 형편이었다. 자꾸만 앉아서 짜증을 내다보니 깁스한 부위는 반점이 생겨 너무 가렵고 답답해 병원 갈 생각은 않고 집에서 내손으로 실톱을 잡고 석고를 잘라냈다.

잠깐은 시원하고 좋았지만 날이 갈수록 뼈는 붙을 생각조차 없어 보여 다시 병원으로 가 의사의 꾸중을 듣고서야 견디는 데 적응할 수 있었다. 시원하고 좋았던 만큼의 아픔을 겪는 동안 제일 가고 싶었던 곳이 대중목욕탕이었다.

두 발로 씩씩하게 걸어 들어가 깨끗하게 몸을 씻어보고 싶었다. 아주머니가 탈의장까지 목발을 짚고 나를 따라 나와서 삶은 달걀을 먹으라고 건네는 그 마음을 목욕 가방에 담아 집으로 왔다.

유혹에 약해지지 말자

백화점 발송 홍보물은 시중에서 구입하면 몇 천 원 되는 물품들을 이미지 사진으로 나열해 놓고 공짜라면 솔깃한 여심을 흔든다.

광고물에서 가격대를 보면 나 같은 사람은 물건들이 비싸게 느껴질 뿐인데, 그 틈새 속에는 이미지와 달리 깜짝 세일에 다시 여자들은 유혹을 당할 수 있다. 그것은 백화점 물건은 왠지 고급스럽다는 허영에 젖어 있기 때문인 것 같다. 나는 상품에 현혹되지 말고 내가 좋아하는 책이나 한 권 구입하고 무료 상품을 받아오기로 작정하고 백화점으로 향했다.

날씨는 머리숱 적은 사람에게는 더욱 태양이 가깝게 느껴질 한낮, 머리 밑으로 연신 흐르는 땀을 닦아내며 백화점 안으로 들어서니 갑자기 바뀌는 온도 차이가 상쾌했다.

먼저 서점 매장에서 이 책 저 책 구경하다 보니 밖의 더위는 어느덧 싹 가셨다. 상품으로 바꿀 책의 영수증을 호주머니에 집어넣고 매장을 걸어가다 보니, 화려한 불빛 아래 우리 세대 옷들이 진열된 곳을 지나치다 시선이 갔다. 가격대에 눈이 머무는 순간 남편 한 달 월급에 가까운 가격표가 마네킹 가슴팍에 아무렇지도 않게 자리하고 있는 것을 보고 죄 없는 마네킹에게 '저것이 미쳤나!' 마음속으로 중얼거렸다. 반액 세일이라는 매장 앞에는 나와 같은 생각들이 집합한 장소처럼 바로 서서 물건도 만져보지 못할 정도로 서로 다투어 먼저 골라볼 심산들이었다.

나도 그 속으로 끼어들어 옷을 만졌다가 놓았다. 한번 입어볼 여유도 없이 다른 사람에게 탈취 당하듯 내 손에서 멀어져 버리고 뒷전에서 물끄러미 바라만 보는데, 조금 떨어져 있는 같은 매장 아가씨가 안으로 들어오라며 유혹을 했다. 웃음을 보내는 아가씨에게 나는 묻지도 않은 말은 던지고 있었다. 내일 새벽 인천에 있는 예식장으로 가야 하는데 옷이 마땅치 않아서라며, 매장 안을 두리번거렸다. 눈치 빠른 아가씨는 허리 기장이 딱 맞는 바지를 내밀었다. 세일하느냐고 묻는 나에게 신상품이라고 했다. 입어보고 얘기하자며 대형 거울이 달린 문을 열고 등을 밀어 넣었다. 바지를 입고 나와 거울 앞에 서 보니 거울이 날씬해 보이게 하는지 불빛이 나를 돋보이게 하는지 갖추어져 있지 않은 평소 몸매가 바지 하나에 그만 유혹이 되고 말았다. 그리고 집으로 돌아와 바지를 입고 거울 앞에 서 보니 매장에서 딱 맞아 보이던 옷맵시는 온데간데없고 허리에 달랑 붙은 가격표를 보면서 늦은 후회를 하고 있었지만 소용없는 일이다.

그 바지를 입고 인천 예식장으로 가는 버스에 올랐다. 새벽 일찍 나섰기에 뱃살을 약간 안으로 밀어 보니 바지는 주먹 하나쯤 쉽게 들어갈 여유가 있었다. 그리고 휴게소 마당 옆에서 아침식사를 하기 위해 준비해 온 자리를 펴고 앉으려는데 그만 바지 뒤가 '툭' 터지는 소리가 났다. 놀라 손으로 더듬어 보니 크게 구멍이 생긴 건 아니라서 조심조심 행동을 하면서 무사히 돌아오는 차에 올랐다. 한참 만에 바지 뒤를 더듬어 보니 엄지손가락 길이만큼의 구멍이 나 있었다. 한나절도 되지 않아 쉽게 구멍이 난 바지에 화가 났다. 그 다음날 매장 아가씨는 수선해 준다지만 나는 옷을 되돌려주었다. 태어나 바지로서는 제일 비싼 금액이었지만…….

이제부터는 유혹에 약해지지 말자고 다짐을 하며 홀가분한 마음으로 구멍 난 바지와 작별을 하고 백화점을 문을 나섰다.

인간 가스를 슬며시 뿜어내고는 혼자 웃는 남편 때문에 웃은 날

남편은 회식을 마치고 늦은 밤 빵빵한 배를 앞세우고 집으로 돌아왔다. 소화가 잘 되지 않은 탓인지 한참 동안 앉지를 않고 마루를 왔다갔다 서성거리다가 이불 속으로 들어갔다. 그리곤 나를 한번 쳐다보고는 웃음을 보내왔다. 남편의 웃음이 무슨 의미를 표하는지 모르고 이불 속으로 들어가려는 순간 나도 모르게 놀라 "이게 무슨 냄새고?" 고함을 치며 이불 속을 빠져나왔다. 참을 수 없는 웃음이 터져 옆구리가 아플 정도로 웃었다.

나는 장난기가 발동해 남편이 덮고 있던 이불자락을 얼굴까지 덮어 버렸더니 이불자락이 들썩이도록 웃고 있었다. 이렇게 놀라게 했던 것은 다름 아닌 인간 가스를 슬며시 뿜어내고는 혼자 웃고 있었기 때문이다.

우리 부부는 자식들이 떠나 있어 둘이서 살다 보니 크게 웃을 일이 많지 않다. 살아오면서 가정에서 웃을 수 있는 기회가 많았던 것은 자식들 어릴 때 젖 먹이고 기저귀 갈아 채우고 한글 또박또박 가르치고 도시락 반찬 걱정할 때였던 것을, 그 시절이 웃음이 제일 많았던 것 같은데 우리 부부는 인간 가스 때문에 이렇게 철없이 웃는다.

옛날 우리 어머니는 이런 일을 저질러 놓고 웃으면, 울어도 시원찮은 일을 웃는다고 야단치시며 이야기를 들려 주셨다. 엄마 친구분이 방귀 때문에 시집을 나오신 얘기다.

양반가에 갓 시집온 새댁은 담뱃대를 길게 물고 계신 시아버지에게 상을 들고 들어가 조심조심 앉아 보려고 힘을 쓰는데, 그만 '뽕' 작은 소리에 시아버지의 벼락 같은 고함소리 "에잇, 요망스럽게 어른 앞에서……." 말이 떨어지기도 전에 웃음과 동시에 방귀가 연방 터져서 방을 뛰쳐나오는데, "당장 친정으로 가서 배워 오라."는 시아버지의 불호령에 시집을 나오고 말았다 한다. 그 뒤 시집에 가지 않고 친정에 있었다는 얘기는 우리 엄마에게 자주 들은 얘기지만, 들을 때마다 우리 식구들은 웃음의 도가니가 되곤 했다.

얼만 전 택시를 탔는데 머리가 희끗희끗한 기사분이 요즘은 집으로 들어가나 밖에 나오나 웃을 일이 없다면서 IMF때 구조 조정으로 나와 이 일 저 일 해보다가 결국 택시 일을 하게 되었다 한다. 6개월 동안 영업을 해보니 이 일은 더 더욱 적성에 맞지 않는다고 했다. 세상에는 자기 직업에 만족을 느끼면서 사는 사람들은 몇 없는 것 같더라는 말을 주고받다가 내리면서, 나도 잘 되지 않는 일인데도 기사분에게 "많이 웃도록 해 보이소. 웃으면 복이 온다고 하니까요." 그 말에 기사님은 억지웃음을 보여 주었다.

곰곰 생각해 보면 돈을 주고도 못 사는 것이 웃음인 것 같다. 우리 부부는 오랜만에 하잘것없는 인간 가스 때문에 크게 웃어 보았다.